Peter Scholl

Richtig

Tennisspielen 2

Wettkampf-Tennis

Zweite, überarbeitete Auflage

BLV Sportpraxis

CIP-Titelaufnahme der Deutschen Bibliothek

Scholl Peter:
Richtig Tennisspielen / Peter Scholl. – München; Wien; Zürich: BLV.

2. Wettkampf-Tennis. – 2., überarb. Aufl. – 1989
(BLV Sportpraxis; 232)
ISBN 3-405-13878-7
NE: GT

Bildnachweis

Alle Fotos Dieter Birkner außer:
Exler S. 2/3, 6, 106/107, 127
Umschlagfotos: Dieter Birkner (Vorderseite)
Thomas Exler (Rückseite)

Grafiken: Barbara von Damnitz
Layout: Volker Fehrenbach, München

BLV Verlagsgesellschaft mbH
München Wien Zürich
8000 München 40

BLV Sportpraxis 232

Satz und Druck: Appl, Wemding
Buchbinder: Großbuchbinderei Monheim

Printed in Germany · ISBN 3-405-13878-7

Inhalt

FILA

Einführung

Erfolgreiches Wettkampf-Tennis

»Richtig Tennisspielen 2 – Wettkampf-Tennis« ist eigentlich als Fortsetzung und Ergänzung von »Richtig Tennisspielen 1« des ersten Bandes in der gleichen Buchreihe zu verstehen. Deshalb beschäftigt sich dieses Buch hier im Kapitel über Schlagtechnik hauptsächlich mit solchen Schlägen, die für Hobbyspieler ohne große sportliche Ambitionen nicht unbedingt wichtig sind. Gehört man aber zu den Spielern, die nicht nur Spaß haben, sondern auch gewinnen wollen, dann müssen der Topspin, der Slice, der Halbflugball, die geschnittenen Aufschläge, der Angriffsball usw., eben die sogenannten Spezialschläge, unbedingt zum Schlagrepertoire gehören.
In »Richtig Tennisspielen 1« werden die Grundlagen des Tennisspiels ausführlich erklärt. Im vorliegenden Buch erfährt der fortgeschrittene Spieler, was ihn zum erfolgreichen Wettkämpfer machen kann. Voraussetzung dafür ist allerdings, daß die Grundlagen, wie die Technik der Grundschläge und taktisches Grundwissen, einigermaßen beherrscht werden, und wichtig ist, wie oben schon angedeutet, daß Tennis nicht ganz ohne Ehrgeiz betrieben wird. Der Sinn dieses Buches ist demnach klar: es soll helfen, erfolgreiches Tennis zu spielen.

Was ist erfolgreiches Tennis?

Erfolg haben im Tennis heißt zunächst einmal den Ballwechsel siegreich abzuschließen, dann das Spiel und den Satz zu gewinnen und schließlich den Platz als Sieger zu verlassen. Diesem Endziel ordnet der erfolgreiche »Turnierhase« alles andere unter: Die Taktik, die Technik, aber auch die Matchvorbereitung, das Training, im extremen Fall sogar den Zeitpunkt des Ins-Bett-Gehens.
Und wo bleibt der Spaß und die Freude, wenn alles nur auf Sieg programmiert ist?
Er bleibt nicht auf der Strecke. Im Gegenteil: Die größte Freude im Wettkampfsport ist sicherlich der Sieg, am besten über einen gleichstarken oder besseren Gegner. Wer das schweißüberströmte, aber glückliche Gesicht des Spielers gesehen hat, der mit 7:6 im letzten Satz als Gewinner vom Platz geht, oder wer diese unvergleichlichen Augenblicke gar persönlich erleben konnte, weiß wovon hier die Rede ist.
Sport (in diesem Fall Tennis) so sagt man, sei die **herrlichste Nebensache der Welt**. Stimmt! – Manche aber sagen: **Hauptsache, man gewinnt.**

Wie spielt man erfolgreiches Tennis?

Das ist gar nicht so einfch. Nicht nur, weil man oft an der eigenen Unzulänglichkeit scheitert, sondern weil der auf der anderen Netzseite Kämp-

fende normalerweise alles daransetzt, selbst auch Erfolg zu haben. Nur selten gerät man doch an Spieler, die nach ein paar verpatzten Schlägen lieber mit »fliegenden Fahnen« untergehen als ihr Spiel umstellen – des Gewinnens willen. Man ist also in erster Linie auf das eigene Können angewiesen.
Oft meint man, das eigene Können sei zu gering. Das stimmt nur selten, denn die persönlichen Möglichkeiten sind meist bedeutend größer, als man selbst glaubt, weiß oder gar beurteilen kann. Nicht der geglückte »Superball« – nach fünf Fehlversuchen – entscheidet ein ausgeglichenes Match, sondern eben diese fünf Fehlversuche. Wer nur schön spielen will, wer zeigen will, was er alles kann, wird nur im Ausnahmefall erfolgreich sein, denn noch werden die Pokale weder für Einfallsreichtum, Schwierigkeitsgrad oder gar künstlerischen Wert verliehen, sondern nur für den erfolgreichen Abschluß des letzten Ballwechsels, egal wie elegant, wuchtig, riskant oder vorsichtig dieser letzte Schlag auch sein mag.

Voraussetzungen zum erfolgreichen Tennis

Wenn man eine jener Ausnahmen ist, die instinktiv immer das Richtige zu spielen in der Lage sind, benötigt man keine besonderen Ratschläge und Unterweisungen. Wenn man allerdings zu den normalen Sterblichen zählt, dann sollte man sich zunächst bemühen, möglichst viel über Tennis zu erfahren. Schon allein das theoretische Wissen um die wesentlichen Zusammenhänge des Tennissportes verschafft erhebliche Vorteile Nichteingeweihten gegenüber. Dazu kommt die Fähigkeit, sich selbst einzuschätzen, z. B. zu erkennen, wann der Mut zum Risiko, wann der immer gleiche, eintönige Ball mehr Erfolg verspricht. Konzentrationsfähigkeit, Kampfgeist, der Wille zum Sieg und Geduld dagegen sind Voraussetzungen, die sehr viel schneller zum Sieg verhelfen können, da sie vom ersten Schlag der Tenniskarriere an zur Verfügung stehen (könnten).
Versuchen Sie also körperlich und geistig optimal vorbereitet zum Match anzutreten. Dann werden Sie erfolgreich sein. Das notwendige technisch-taktische Rüstzeug – falls es noch fehlt – vermittelt Ihnen dieses Buch.

Technik

Grundsätzliches zum Drall des Balles

Topspin und Slice sind Schläge, bei denen der Ball vom Spieler absichtlich so geschlagen wird, daß er Drall bekommt. Bevor nun erklärt wird, worauf bei den einzelnen Schlägen zu achten ist, hier einige grundsätzliche Überlegungen zu geschnittenen Bällen.
Unter Drall versteht man zunächst das Drehen des Balles um seine Achse z. B. vorwärts, rückwärts, nach links oder rechts. Diese Drallarten werden dann jeweils als Vorwärts-, Rückwärts- bzw. Seitwärtsdrall bezeichnet. Daß es für ein und dasselbe gleich fünf oder mehr Bezeichnungen gibt – Drall, Schnitt, Rotation, Effet, Spin u. a. – trägt eher zur Verwirrung als Klärung besagten Begriffes bei.

Topspin und Slice

Topspin nennt man den Vorwärtsdrall des Balles, aber auch die Schlagbewegung, die diese Rotation des Balles um seine waagerechte Achse bewirkt. Der Ball segelt durch die Luft wie ein sich vorwärts drehendes Rad.
Slice heißt analog dazu der auf den Ball übertragene Rückwärtsdrall und die dies bewirkende Schlagbewegung, wenn sie als Vor- oder Rückhand-Grundlinienschlag durchgeführt wurde.

Flugbahn des geschnittenen Balles

Wie man weiß, schon öfters ausprobiert oder zumindest bei guten Spielern gesehen hat, fliegen verschieden geschnittene Bälle unterschiedlich, d. h. sowohl ihre Flugbahn als auch ihr Absprungwinkel unterscheiden sich wesentlich voneinander. Verantwortlich dafür sind Luftwirbel, die sich durch die Rotation bilden und die stärker bzw. schwächer ausfallen, je stärker bzw. schwächer der entsprechende, durch den Schlag auf den Ball übertragene Drall ist.

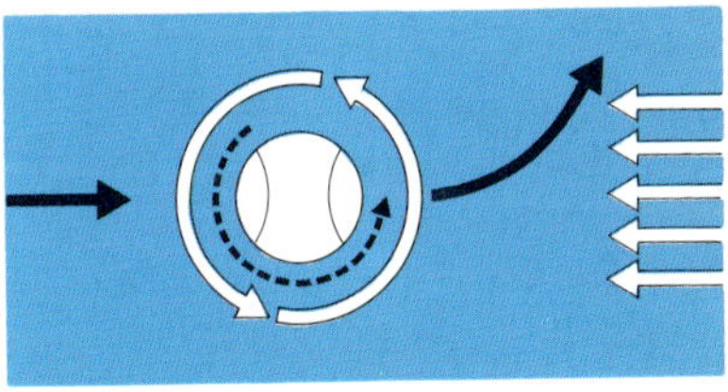

Ein Ball mit Rückwärtsdrall fliegt durch die Luft. Zwei Luftströme treffen aufeinander, einer um den Ball, ein zweiter von vorne, und erzeugen Hochdruck unter dem Ball. Durch den erhöhten Druck unter und den Unterdruck über dem Ball sinkt der Ball relativ langsam ab.

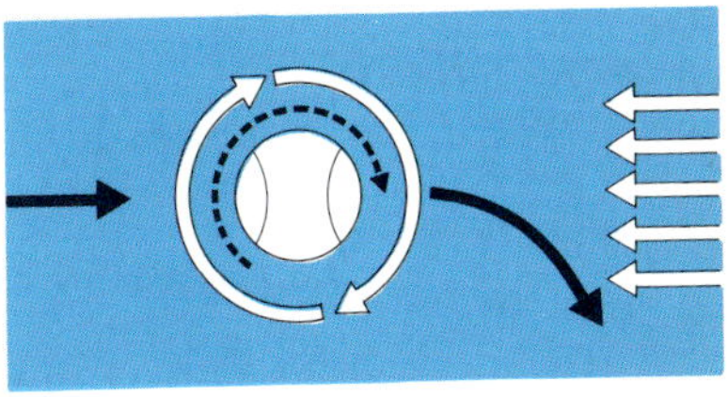

Durch den Vorwärtsdrall entsteht Überdruck über und Unterdruck unter dem Ball. Dadurch sinkt der Ball schneller ab.

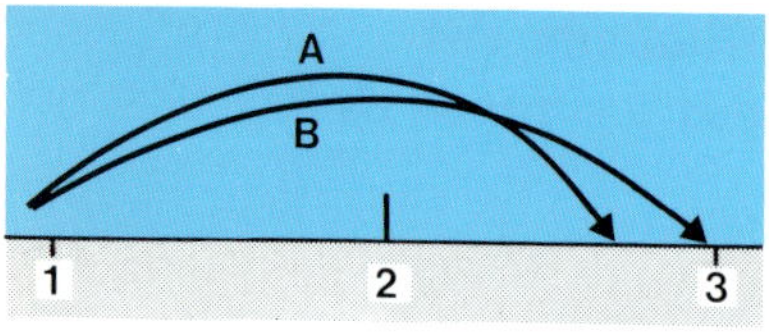

1 + 3 Grundlinien, 2 Netz, A mehr Vorwärtsdrall, B weniger Vorwärtsdrall.

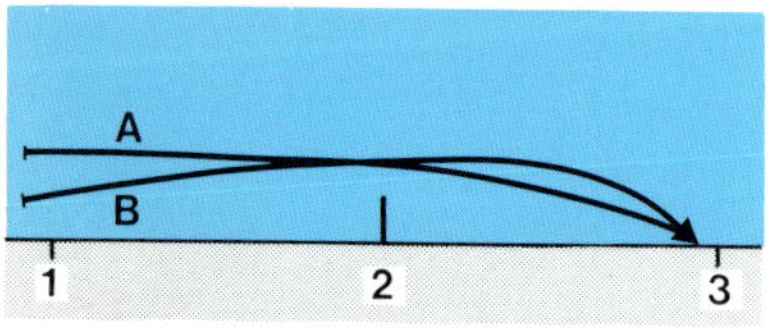

1 + 3 Grundlinien, 2 Netz, A aggressiver Slice, B normaler Slice.

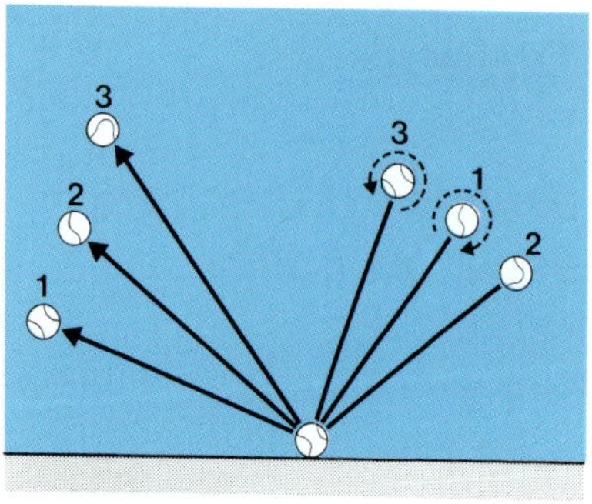

Absprungwinkel bei unterschiedlichem Aufsprungwinkel und verschiedenem Drall: 1 Rückwärtsdrall, 2 kein Drall, 3 Vorwärtsdrall.

Beim Topspin ist die Flugbahn kürzer (meist auch höher), je mehr der Ball mit Spin versehen wird (A), bzw. länger, wenn der Ball – bei gleichem Kraftaufwand – flacher gespielt wird (B).
Beim Slice dagegen segelt der Ball mehr und fällt kurz vor dem Aufsprung »schlapp« herunter, wenn er langsamer ausgeführt wird, bzw. fliegt beinahe geradlinig, wenn er höher getroffen und schnell gespielt ist.

Absprungwinkel des geschnittenen Balles

Was den Absprungwinkel angeht, so springt der Topspin mehr oder weniger steil ab – abhängig von der Intensität des Schlages sowie der Richtung (steiler oder flacher) des Schwunges. Der Slice dagegen springt flacher ab. Was selbstverständlich ebenfalls abhängig von der Schlagausführung ist. Für den theoretisch Interessierten sei jedoch gesagt, daß bei **identischer** Flugbahn der beiden Schlagarten der Slice der steiler springende Ball ist, der Topspin also flacher abspringen würde. Da aber fast grundsätzlich der Topspin in einem steilen, der Slice dagegen eher in flachem Winkel aufkommt, springt der Slice praxisbezogen flacher ab als der Topspin.

Zusammenfassend läßt sich also sagen:

- Wegen der hohen, schnell abfallenden Flugbahn - hervorgerufen durch den Vorwärtsdrall – springt der Topspin hoch und weit ab.
- Wegen der flachen und gestreckten Flugbahn – verursacht durch den Rückwärtsdrall – springt der Slice niedrig und kürzer ab.

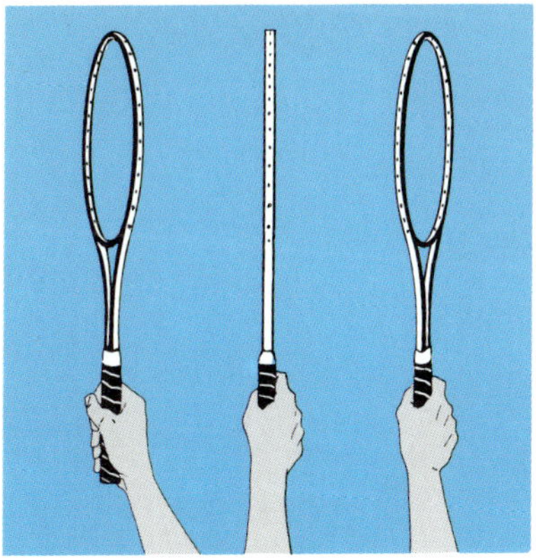

Schlägerstellungen: 1 geöffnete Schlägerstellung, 2 senkrechte Schlägerstellung, 3 geschlossene Schlägerstellung.

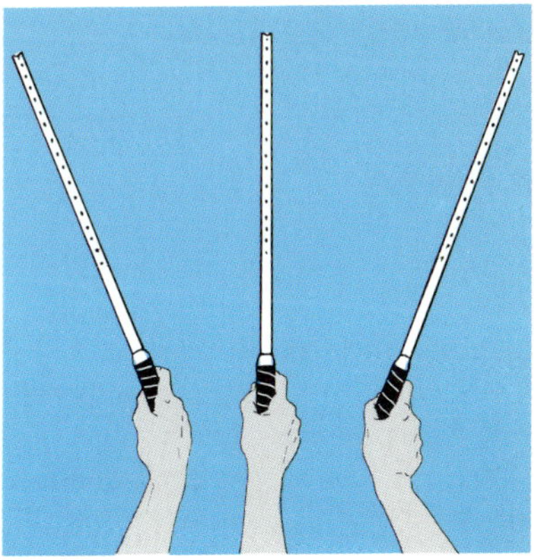

Stellungen des Handgelenks: 1 geschlossenes Handgelenk, 2 Mittelstellung, 3 geöffnetes Handgelenk.

Grundsätzliche Begriffserklärungen

Schlägerstellungen

Geöffnete Schlägerstellung: Die Schlägerfläche ist, bezogen auf die Schlagrichtung, mit der oberen Rahmenkante nach hinten geneigt.

Senkrechte Schlägerstellung: Schlägerfläche steht senkrecht.

Geschlossene Schlägerstellung Die Schlägerfläche ist, bezogen auf die Schlagrichtung, mit der oberen Rahmenkante nach vorne geneigt.

Stellungen des Handgelenks

Geschlossenes (gebeugtes) Handgelenk:
Das Handgelenk ist handflächenwärts gebeugt.

Mittelstellung des Handgelenks:
Das Handgelenk befindet sich gegenüber den beiden Extremen in einer mittleren Stellung.

Geöffnetes (gestrecktes) Handgelenk:
Das Handgelenk ist handrückenwärts überstreckt.

Vorhand-Topspin

Griffarten

Es besteht kein Zweifel darüber, daß ein korrekter Griff Grundvoraussetzung zur Durchführung eines geeigneten Schlages ist. Dies gilt insbesondere beim Topspin, bei dem man mit voller Wucht, d. h. ganzem Krafteinsatz zuschlagen kann. Da der Treffpunkt (Ballkontakt) möglichst da vor dem Körper sein soll, wo man bequem zuschlagen kann, ist der Griff der richtige, der eben dies mit dem kleinsten Aufwand bzw. der geringsten Anstrengung ermöglicht. Auch wenn es geradezu ideal wäre für alle Schläge ein und denselben Griff zu verwenden, empfehle ich doch von Topspin-Vorhand auf Topspin-Rückhand umzugreifen, d. h. die zwei Griffe zu verwenden, die ein optimales Durchschwingen auf der jeweiligen Seite ermöglichen.
Ich plädiere auch dann für verschiedene Griffe, wenn man zum geraden Grundlinienschlag (Vor- bzw. Rückhand) nur einen verwendet (wahrscheinlich den Mittelgriff, der zwischen Vorhand- und Rückhandgriff liegt), denn die geringe Mühe, die das Umgreifen von einem Griff zum anderen kostet, ist unbedeutend im Vergleich zu den Vorteilen, die der Topspinschlag bietet, wenn man mit optimalem Griff zuschlägt. Das Umgreifen ist kein Problem und kann nach kurzer Zeit beherrscht werden.

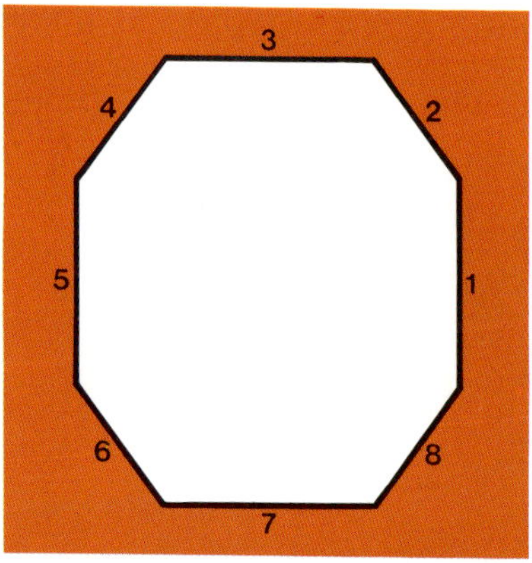

Bezeichnung der Flächen des Schlägergriffs.

Vorhandgriff (Easterngriff).

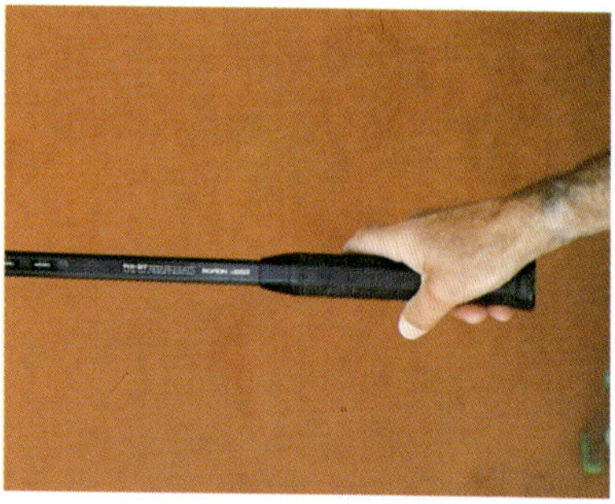

Extremer Vorhandgriff (Westerngriff).

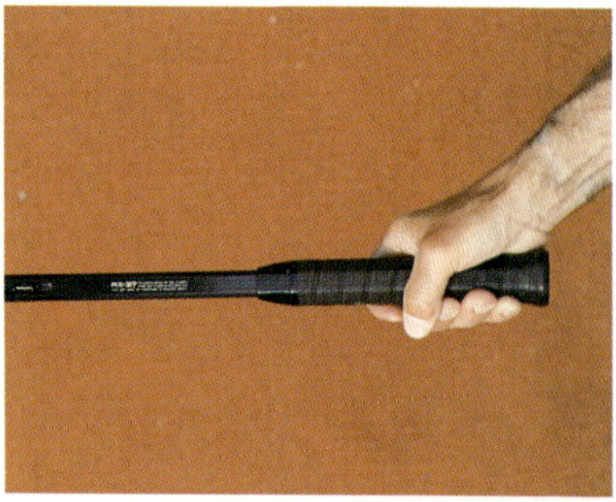

Vorhandgriff

(Die Zahlen in Klammern beziehen sich auf die Schlägergriffflächen in der links nebenstehenden Grafik.)
Zum Topspin mit Vorhand wählt man den **Vorhandgriff** (Easterngriff). Die Handfläche liegt dabei flach an der rechten Breitseite (1), der Daumenballen hauptsächlich auf der oberen Schmalseite (3) des Schlägergriffes an.
Die Finger fassen schräg nach vorne bequem den Schlägergriff, die Fingerspitzen liegen wie der Daumen an dessen linker Breitseite (5). Der Daumen berührt den Mittelfinger. Der Zeigefinger ist abgespreizt, als ob er am Abzug einer Pistole läge.
Neben dem hier gezeigten Vorhandgriff existieren noch andere Vorhandgriffe, die sich gut für den Vorhand-Topspin eignen.
Ein Drehen der Handfläche zur unteren, rechten Schmalseite (8) (extremer Vorhandgriff auch Westerngriff genannt) ermöglicht z. B. erstklassige Topspinschläge, bringt jedoch eventuell Probleme, wenn man situationsbedingt von Topspin auf den Slice umsteigen will. Mit dem extremen Vorhandgriff muß man also auf den Slice weitgehend verzichten oder zu dessen Ausführung das Handgelenk extrem verdrehen; eventuell empfiehlt sich daher zum Slice ein Umgreifen zu einem weniger extremen Vorhandgriff d. h. dem normalen Vorhandgriff.
Man muß ausprobieren, ob man mit dem einen oder dem anderen besser zurechtkommt. Das erwähnte Umgreifen zum Slice sollte kein Hinderungsgrund sein. Allein die Qualität Ihres Topspinschlages sollte über den endgültigen Griff entscheiden.
Minimale individuelle Veränderungen vom hier beschriebenen Vorhandgriff sind übrigens ohnehin normal.

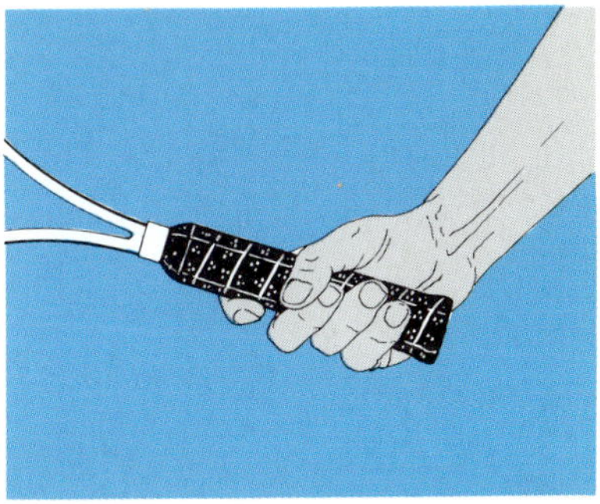

Vorhandgriff von der Seite gesehen.

Schwungbewegung

Im großen und ganzen entspricht der Vorhandschwung beim Topspin-Schlag dem des geraden Grundlinien-Vorhandschlages. Die möglichen Abweichungen helfen dem Spieler, optimalen Drall auf den Ball zu übertragen.

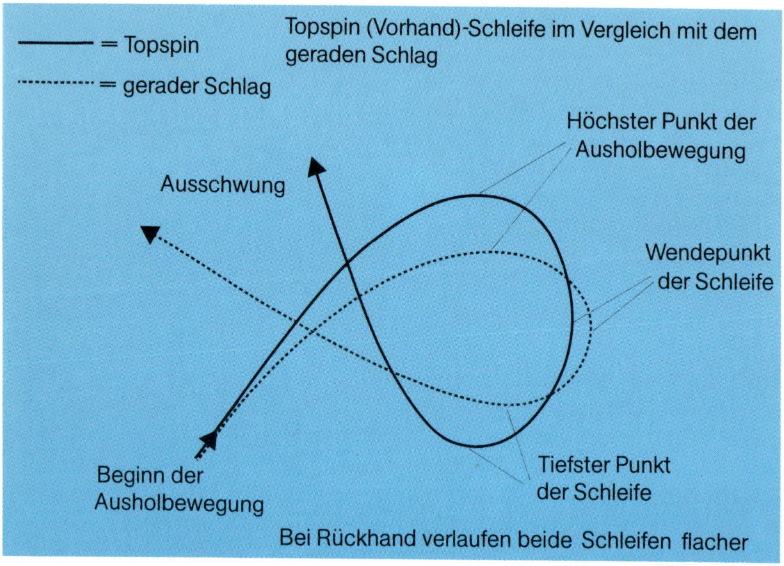

Ausholbewegung

Ausgehend von der Bereitschaftsstellung (Ausgangsstellung) wird der Schläger mit dem Griff, der individuell am günstigsten ist, (meist der auf S. 13 beschriebene Vorhandgriff) gehalten. Analog der Ausholbewegung des geraden Schlages werden Schlägerspitze und Unterarm, bei gleichzeitiger Drehung der linken Schulter zum Netz, angehoben und zurück in die Schleife geführt (siehe Grafik oben). Dabei wird das Körpergewicht zunächst auf den rechten Fuß verlagert. Während des Einschwingens in diesen oberen Bogen, der meistens etwas steiler verläuft als der des gera-

Übergang in die Schlagbewegung.

1

2

Kurz vor dem Wendepunkt der Schleife.

Beginn der Schlagbewegung.

den Grundlinienschlages, wird der Arm locker ausgestreckt, das Handgelenk geöffnet, die Schlägerfläche dabei nach unten leicht geschlossen (siehe S. 11). Etwa gleichzeitig macht man mit dem linken Fuß dem Ball einen Schritt entgegen.
Während der ganzen Ausholbewegung zeigt die Ellbogenspitze nach unten.

Schlagbewegung

Mit Beginn der Schlagbewegung wird das Körpergewicht auf den vorderen Fuß verlagert. Die noch weiter geschlossene Schlägerfläche wird nach dem Wendepunkt der Schleife (Beginn der eigentlichen Schlagbewegung) tiefer und weiter nach unten geführt – ca. 30 cm unter den voraussichtlichen Treffpunkt – unterstützt durch betontes In-die Knie-Gehen. Die geschlossene Schlägerfläche - je extremer die Griffhaltung desto geschlossener – wird mit maximaler Beschleunigung nach vorne oben dem Ball entgegengeschwungen. Während die Ellbogenspitze weiter nach unten zeigt, schließt sich das Handgelenk etwas bei gleichzeitigem Einsatz nach oben. Die Beine strecken sich: deutliche Gewichtsverlagerung nach vorne oben.
Achten Sie dabei auf die Seitstellung des Oberkörpers.

Treffpunkt

Erst unmittelbar vor dem Treffpunkt beginnt sich der Oberkörper in die frontale Stellung zu drehen. Die von unten nach oben dem Ball entgegenschwingende Schlägerfläche trifft den Ball zwischen Körpermitte und linker Hüfte – in manchen Fällen noch etwas früher (abhängig vom Griff) – etwa in Höhe der schlägerhaltenden

Idealer Treffpunkt.

Hand. Die Schlägerfläche steht dabei im doppelten Sinne senkrecht: einmal senkrecht zur gedachten Schlagrichtung, zum anderen senkrecht in Bezug zum Boden. Die Hand ist fest, aber nicht verkrampft um den Griff geschlossen. Das Körpergewicht ist vollständig auf den vorderen Fuß verlagert worden. Der linke Arm sorgt für ausgeglichene Balance. Das Auge fixiert den Fall.

Ausschwungbewegung

Schlägerfläche und Schlagarm schwingen nach dem Treffpunkt voll nach vorne aufwärts durch. Achten Sie darauf, daß während dieser Schwungphase die Schlägerfläche möglichst lange in die gewünschte Schlagrichtung geführt wird.
Durch den Schwung der Bewegung wird die rechte Schulter vorgezogen, der Oberkörper aus der Seitstellung in die frontale Stellung gedreht. Dadurch kann die Schlägerfläche freier hinter dem Ball herschwingen, was dem Schlag die notwendige Kontrolle gibt.

Generell verläuft die Ausschwungbewegung steiler, meist etwas kürzer als beim geraden Grundlinienschlag. Am Ende der Ausschwungbewegung zeigt die Schlägerspitze in die gewünschte Schlagrichtung bzw. pendelt locker über der linken Schulter aus.

1

2

Während es bei geraden Grundlinienschlägen eigentlich nur eine »richtige« Form der Ausführung gibt, existieren beim Topspin verschiedene Schlagvarianten, die sich in der Ausholbewegung, der Schlagbewegung, dem Stabilitätsgrad des Handgelenkes sowie der Ausschwungbewegung unterscheiden können.
Erstklassige Vorhand-Topspinschläge lassen sich also auch durchführen, wenn sie von diesem Schlagschema abweichen.
Hier einige Schlagvarianten:

Veränderte Ausholbewegung

Statt mit dem Unterarm und Schläger die Schleifenbewegung einzuleiten, wird zuerst die Ellbogenspitze nach hinten oben gehoben. Erst danach wird der Schläger in die Schleife hineingezogen.

Ausholbewegung mit angehobenem Ellbogen.

1

2

3

4

Veränderter Handgelenkseinsatz

Statt des betonten Einsatzes nach vorne und oben wird das Handgelenk in der Stellung fixiert, die es am Ende der Ausholbewegung (Wendepunkt der Schleife) eingenommen hat (Handgelenk stark geöffnet, Schlägerfläche geschlossen). Erst nach dem Treffpunkt, während der Ausschwungphase also wird das Handgelenk wieder in Mittelstellung gebracht.

Kippen der Schlägerfläche um die Längsachse.

Veränderte Schlagbewegung

Die Schlägerfläche wird kurz vor dem Treffpunkt leicht nach vorne um die Längsachse gekippt. Gleichzeitig wird die Ellbogenspitze angehoben, was ein automatisches Senken der Hand, d. h. einen verkürzten Ausschwung mit sich bringt.

Veränderte Ausschwungbewegung

Für den Ausschwung sind mehrere Variationen denkbar. Zwei typische Formen sind hier herausgegriffen.

Verursacht durch die veränderte Schlagbewegung (siehe oben) schwingt der Schläger nur kurz in Schlagrichtung. Der Schägerkopf wird bei weiterem Hochreißen des rechten Ellbogens zur linken Schulter geführt. Vor allem **höher getroffene** Bälle können so wirkungsvoll geschlagen werden.

1

2

1

2

Ausschwung über der rechten Schulter nach extrem senkrechtem Hochreißen.

Statt nach schräg vorne oben wird der Schlägerkopf mit extrem geöffneten Handgelenk fast senkrecht nach oben gerissen und schwingt über der rechten Schulter aus. Speziell bei **sehr tief getroffenen**, longline gerichteten Bällen, aber auch bei überraschenden Lobs findet diese Schlagvariante Anwendung.

Besonders wichtig: Achten Sie sorgfältig darauf, daß die Seitstellung eingehalten wird. Dies gilt für die Beine, aber vor allem für den Oberkörper. Selbst dann, wenn in Frontalstellung (der Beine) der Schlag durchgeführt wird, muß der Oberkörper seitlich, also parallel zur gedachten Schlagrichtung, gedreht werden.
Achten Sie ferner darauf, daß Sie den Ball grundsätzlich vorne, möglichst in Höhe, besser noch etwas vor Ihrer linken Hüfte treffen. Weiter hinten getroffene Bälle können nur mit zusätzlichem Krafteinsatz gleich gut gespielt werden. Damit laufen Sie u. a. Gefahr, sich den sogenannten Tennisellbogen zuzuziehen.

◁ Der Schlägerkopf schwingt nach dem höheren Treffpunkt deutlich zur linken Schulter hin aus.

Rückhand-Topspin

Rückhandgriff

Zum Topspin mit Rückhand wendet man den **Rückhandgriff** (Continentalgriff) an. Die Handfläche liegt dabei auf den oberen Seiten (2 und 3) des Schlägergriffes, der Daumenballen hauptsächlich auf der linken, oberen Schmalseite (4). (Die Zahlen in Klammern beziehen sich auf die Grafik unten.) Der Zeigefinger liegt an der rechten Breitseite des Griffes an. Die übrigen Finger liegen schräg nach vorne bequem um den Schlägergriff und an der unteren Schlägerfläche an. Der Daumen umschließt fest den Griff.
Auch mit dem **extremen Rückhandgriff** (Eastern-Rückhandgriff) kann erfolgreich Topspin gespielt werden.

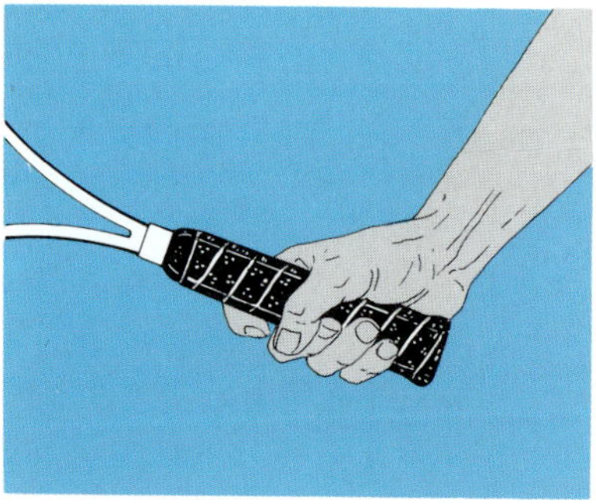

Rückhandgriff von der Seite gesehen.

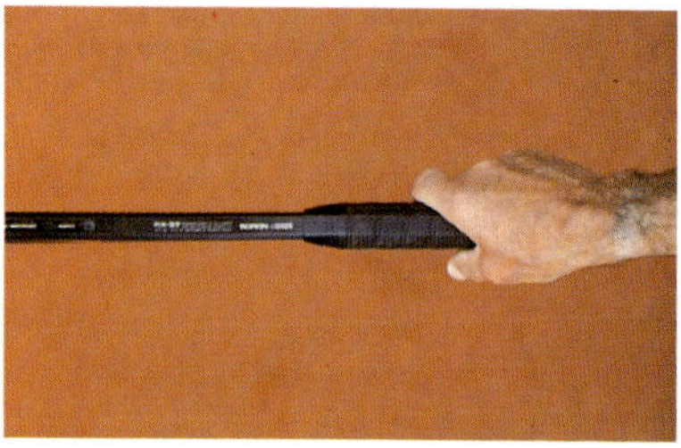

Rückhandgriff.

Bezeichnung der Flächen des Schlägergriffs.

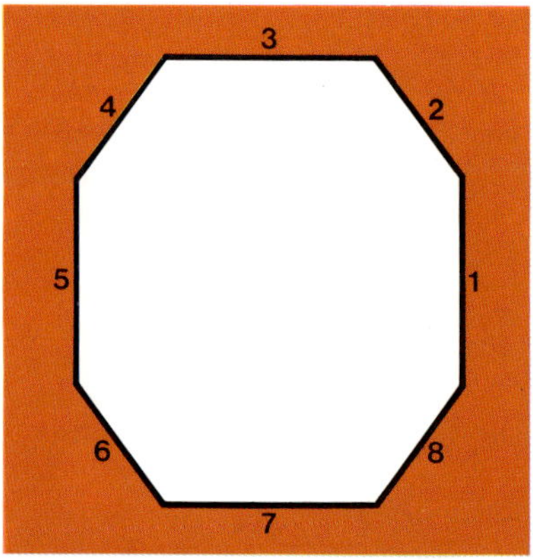

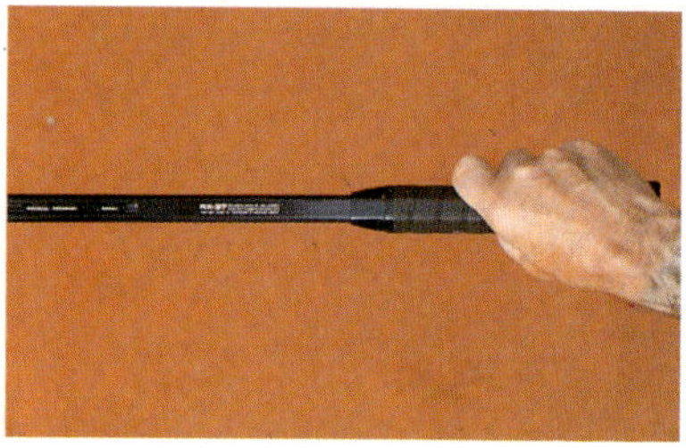

Extremer Rückhandgriff.

Zu diesem Griff dreht die Handfläche noch mehr nach links (von oben gesehen) und liegt auf den oberen Seiten (3 und 4) des Schlägergriffes auf. Der Daumenballen rutscht ebenfalls weiter bis auf die linke Breitseite (5).

Auch hier können bei Verwendung des extremen Rückhandgriffes – analog zum Vorhandschlag – Schwierigkeiten mit dem Slice auftreten, die sich aber durch Umgreifen beheben lassen. Probieren Sie aus, ob Sie besser mit dem einen oder dem anderen Griff zurechtkommen. Allein die Qualität des Rückhand-Topspin sollte den Griff bestimmen.

Ausholbewegung

In der Bereitschaftsstellung wird der am Herz mit der linken Hand unterstützte Schläger vor dem Körper gehalten. Der Schlägerkopf wird dann zurückgenommen und beschreibt einen flachen Bogen nach hinten oben analog der Schleife (siehe Grafik S. 14).
Der Oberkörper dreht sich dabei so, daß die rechte Rückenhälfte zum Netz zeigt. Gleichzeitig macht der rechte Fuß einen Schritt dem Ball entgegen: der Spieler geht dabei tief in die Knie (Bilder 1 und 2 unten).

Schlagbewegung

Nach dem Wendepunkt der Schleife – die linke Hand hat sich inzwischen vom Schläger gelöst – (Beginn der Schlagbewegung, siehe Grafik S. 14) wird der Schlägerkopf tiefer und danach – extrem beschleunigt – steil nach vorne oben dem Ball entgegengeschwungen. Dabei wird das Handgelenk betont eingesetzt, d. h., es unterstützt die energische Aufwärtsbewegung (Hochreißen) des Schlägerkopfes.

Kurz vor dem Handgelenkseinsatz.

1

2

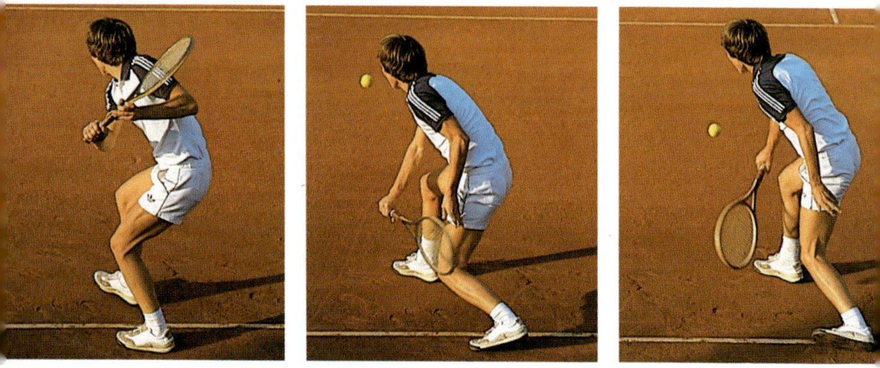

1 2 3

Übergang von der Ausholbewegung in die Schlagphase.

Der Schlagarm streckt sich im Ellbogengelenk kurz vor dem Treffpunkt. Auch die Beine strecken sich, was besagte Aufwärtsbewegung zusätzlich verstärkt. Die Seitstellung muß dabei unbedingt eingehalten werden.

Zum Treffpunkt hin richtet man sich auf, der Schlagarm streckt sich.

Treffpunkt

Die Schlägerfläche trifft den Ball deutlich vor der rechten Hüfte, beinahe um Schulterbreite weiter vorne als beim Vorhandschlag, da die Schulter des Schlagarmes beim Rückhandschlag um diese Schulterbreite näher zum Netz ist. Die Schlägerfläche steht dabei sowohl senkrecht zur gedachten Schlagrichtung als auch in Bezug zum Boden; eventuell ist sie sogar etwas geschlossen. Der Schlagarm ist locker gestreckt. Die rechte Schulter zeigt weiter zum Netz. Das Körpergewicht ist inzwischen vollständig auf den vorderen Fuß verlagert. Der linke Arm sorgt für Balance. Manche Spieler verlegen durch Schließen des Handgelenks (siehe S. 11) den Treffpunkt »künstlich« weiter nach vorne (Bild 1, S. 23). Erst nach dem Treffen nimmt das Handgelenk dann wieder seine Mittelstellung ein.

Ausschwungbewegung

Die Ausschwungbewegung verläuft steiler als beim geraden Grundlinienschlag. Das Handgelenk öffnet sich weiter bei betontem, gleichzeitigem Einsatz nach oben. Der Oberkörper bleibt während der gesamten Ausschwungbewegung in seitlicher Stellung. Ganz am Ende der Ausschwungphase knickt der Unterarm im Ellbogengelenk locker ab, was das Durchschwingen erleichtert.

Besonders wichtig: Achten Sie beim Rückhand-Topspin darauf, daß der Ball wirklich vor der rechten Hüfte getroffen wird. Zu spät geschlagene Bälle kosten nicht nur mehr Kraft, sondern begünstigen – speziell bei der Rückhand – den gefürchteten Tennisellbogen.
Achten Sie ferner besonders sorgfältig darauf, daß während der gesamten Schlagdurchführung die Seitstellung optimal eingehalten wird. Dies gilt sowohl für die Beine als auch für den Oberkörper.
Obwohl beim Vorhand-Topspin mehrere erfolgreiche Schlagvarianten existieren, ist zur Rückhand nur eine erwähnenswert: der Schlag mit verändertem Handgelenkseinsatz.
Während die Haltung des Handgelenks bei der zuvor beschriebenen Schlagausführung sich von der Ausholbewegung zum Treffpunkt hin deutlich verändert, können erstklassige Topspin-Rückhandschläge auch mit absolut blockiertem (steifem) Handgelenk mit extremen Rückhandgriff (siehe S. 20) durchgeführt werden, also in einer Form, bei der sich das Handgelenk erst in der Ausschwungphase wieder lockert.
Probieren Sie aus, mit welchen der hier genannten Rückhandschläge Sie am besten zurechtkommen.

Beginn und Ende der Ausschwungbewegung.

1

2

Wissenswertes zum Topspin

Schlagtempo

Man darf sich nicht wundern, wenn einem der mit Topspin geschlagene Ball, verglichen mit dem mit gleichem Kraftaufwand gespielten geraden Schlag, langsamer und kürzer vorkommt. Er scheint nicht nur langsamer, er ist auch langsamer. Während bei dem Ball ohne absichtlichen Drall die gesamte Kraft, der komplette Schwung auf den Ball in Geschwindigkeit umgesetzt ist, wird beim Topspin mehr oder weniger Schlagenergie dazu verwendet, Drall auf den Ball zu übertragen.
Je senkrechter die Schlägerfläche bei Schwung und Ausschwung nach oben gerissen wird, desto mehr Drall erhält der Ball, desto steiler wird seine Flugbahn, desto langsamer ist er.
Anders gesagt: Wenn man den Ball schneller machen, d. h. mit größerem Schlagtempo spielen will – bei gleichem Kraftaufwand – muß man in einer flacheren Schleife dem Ball entgegenschwingen, was dann auf Kosten des Dralles geht.

Frühe Ausholbewegung

Entgegen einer verbreiteten Meinung, daß zum Topspinschlag verspätet ausgeholt werden kann, ja soll, muß – vor allem für Topspin-Lernende – auch hier gelten: Es kann zum Schlag nie früh genug ausgeholt werden.
Die große Gefahr, daß hastig und unkontrolliert gespielt wird, ist weit größer als der vermeintliche Beschleunigungszugewinn des verspäteten Ausholens. Außerdem verleitet gerade hastiges Ausholen zum Schludern.

Tiefer unterer Bogen der Schleife

Beim Topspin ist es wichtig, daß der untere Bogen der Schleife (siehe Grafik S. 14) tiefer verläuft als beim geraden Grundlinienschlag. Während der Schlagbewegung sollte daher die Schlägerfläche ca. 30 cm unterhalb des gedachten Treffpunktes gebracht werden, denn nur dann kann der Schlägerkopf problemlos entsprechend steil hochgerissen werden, wie es zum Erreichen des optimalen Dralls notwendig erscheint.

Tiefes Beugen der Knie

Eigentlich ist es nicht das In-die-Knie-Gehen, was der Ausführung des Topspin meist zugute kommt, sondern vielmehr das Strecken der zuvor gebeugten Knie. Dieses während der Schlagbewegung energische Durchstrecken der zuvor bei der Ausholbewegung tief gebeugten Beine bestimmt in ganz erheblichem Maße – vor allem beim Rückhandschlag – die Wirkung des Schlages. Es ist mitverantwortlich für die Aufwärtsbewe-

1

2

Das Durchstrecken der Knie unterstützt das Hochreißen von Schlagarm und Schläger.

gung des Körpers, die wiederum den nach vorne oben, dem Ball entgegenschwingenden Schlagarm, unterstützt. Vernachlässigen Sie also keinesfalls dieses Beugen und Strecken der Beine, wenn Sie dynamische Topspinschläge produzieren wollen (siehe Fotos oben).

Verschiedene Treffpunkthöhen für den Grundlinienschlag.

Idealer Treffpunkt

Auf den entgegenkommenden Ball bezogen: Der erfahrene Turnierspieler weiß, daß die in Position 3 (siehe Grafik) getroffenen Bälle ideal gespielt sind. Diese sehr früh geschlagenen Bälle lassen dem Gegner wenig Zeit, sich auf den nächsten Ball vorzubereiten, da dieser um die Zeitspanne früher zu ihm zurückkommt, die der vergleichsweise später getroffene Ball (1) benötigt, um von 3 nach 1 und wieder

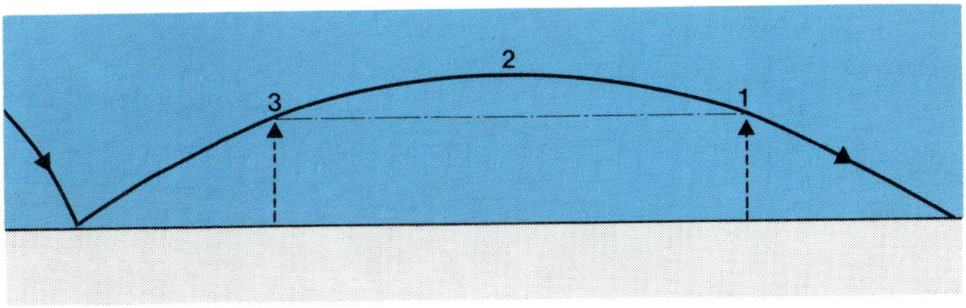

zurück zu fliegen. Darüber hinaus hat der entgegenkommende Ball an Position 3 noch entschieden mehr Eigenenergie als an 1 (dort ist er bereits deutlich mehr »ausgetrudelt«) was ihn bei gleichem Kraftaufwand schneller zurückspielen läßt als den bei 1 getroffenen.
Der erfahrene Turnierspieler weiß aber auch, daß Bälle, die im Steigen gespielt werden, mit mehr Risiko (Fehlerquote) verbunden sind, als solche, die im Fallen getroffen werden. Es ist daher zu empfehlen, daß Spieler, die den Topspin noch nicht so gut beherrschen, eher etwas weiter hinter der Grundlinie den Ball in Position 1 zu schlagen versuchen, zumal der sich senkende Ball geradezu zum Topspin einlädt. Er ist technisch erheblich einfacher, vor allem wenn er gar in Kniehöhe gespielt werden kann.

Tief und spät getroffener Topspin (Punkt 1, Grafik S. 25).

Höher und früh getroffener Topspin (zwischen Punkt 2 und 3, Grafik S. 25).

Auf die Schlagbewegung bezogen: Wie schon bei der Erklärung des Schlages betont wurde, sollten Sie versuchen, den Vorhand-Topspin in Höhe oder vor der linken Hüfte, den Rückhand-Topspin deutlich vor der rechten Hüfte zu treffen. So erreichen Sie mit geringstem Kraftaufwand die größte Wirkung.

Auf die schlägerhaltende Hand bezogen: Der Ball – so behaupten viele – soll über der Hand getroffen werden. Andere sind vom Gegenteil überzeugt. Die Treffpunkthöhe und der Griff spielen dabei eine wichtige Rolle. Je extremer die Schlägerhaltung, desto früher kann der Ball getroffen werden und desto eher wird das Handgelenk über der Schlägerfläche stehen, wenn der Ball gespielt wird. Schwingen Sie locker dem Ball entgegen, ohne daß Sie die eine oder andere Haltung mit Gewalt einzunehmen versuchen. Dann schlagen Sie richtig.

Häufige Fehler

Zurückfallen
Das Gewicht bleibt während der Schlagbewegung auf dem rechten, hinteren Fuß. Locker nach vorne durchzuschwingen ist kaum möglich; denn Schlagbewegung und Gewichtsverlagerung sind entgegengesetzt.

Also: verlagern Sie zum Treffpunkt hin das Körpergewicht auf den vorderen Fuß. So kann der Schläger locker dem Ball entgegengeschwungen werden.

Vermindertes Durchschwingen
Schläger und Schlagarm schwingen nach dem Treffpunkt nicht locker in Schlagrichtung; d. h., der Schwung wird schon vor dem Treffpunkt abgebremst.

Also: verkrampfen Sie nicht. Erlauben Sie dem Schlagarm entspanntes Ausschwingen nach vorne oben.

Zu steife Beine
Die Knie sind durchgedrückt, die Beine steif; Körpereinsatz ist auf diese Weise nicht möglich.

Also: nur mit tief gebeugten Beinen können Sie locker nach vorne Schwingen und optimale Schlagwirkung erreichen.

Unten: Im Moment der Gewichtsverlagerung nach vorne, dem Ball entgegen.

Zu frontale Stellung
Beine und Oberkörper stehen frontal zur Schlagrichtung. Aushol- und Schlagbewegung erfolgen ohne Körpereinsatz.

<u>Also:</u> achten Sie darauf, daß bei der Vorhand wenigstens der Oberkörper, bei Rückhand Oberkörper und Beine parallel zur gedachten Schlagrichtung stehen. Nur so ist einwandfreies Ausholen, optimales Verlagern des Körpergewichtes sowie lockeres Ausschwingen möglich.

Slice (Vorhand und Rückhand)

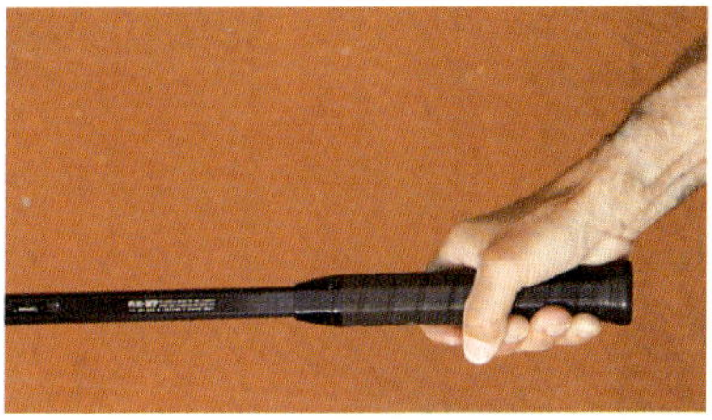
Vorhandgriff.

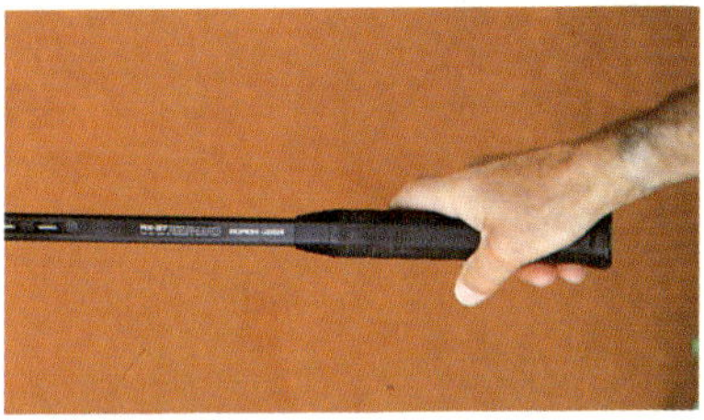
Rückhandgriff.

Griff

Der Vorhand-Slice wird mit dem Vorhandgriff (siehe S. 12), der Rückhand-Slice mit dem Rückhandgriff (siehe S. 20) gespielt.
Spieler, die extreme Vor- bzw. Rückhandgriffe für die Topspin-Schläge verwenden, sollten ausprobieren, ob sie auch damit erfolgreich Sliceschläge spielen können. Andernfalls müßten sie etwas Richtung Rückhand-Griff umgreifen, was keine allzu großen Probleme mit sich bringen sollte.

Ausholbewegung

Ausgehend von der **geraden** Schwungbewegung wird die Schlägerfläche zur Ausholbewegung weiter nach oben geführt, aber deutlich geradliniger als beim Topspin (siehe Grafik S. 30). Gleichzeitig verlagert sich das Körpergewicht vorwiegend auf den rechten (Vorhand-Slice) bzw. auf den linken (Rückhand-Slice) hinteren Fuß. Dabei wird die Schlägerfläche geöffnet.

1

2

Gewichtsverlagerung auf den rechten Fuß.

Schlagbewegung und Treffpunkt

Nach dem Wendepunkt der Schleife, der wesentlich über dem voraussichtlichen Treffpunkt liegt, wird die geöff-

Unterschiedliche Treffpunkthöhen, Körpergewicht stets auf dem vorderen Fuß.

nete Schlägerfläche mit festem Handgelenk nach vorne unten dem Ball entgegengeschwungen. Dabei streckt sich der Arm beim Rückhand-Slice zum Treffpunkt hin, während er beim Vorhand-Slice leicht gebeugt bleibt. Das Körpergewicht wird auf den linken (Vorhand) bzw. rechten Fuß verlagert und zwar bevor der Ball getroffen wird. Der Treffpunkt liegt **bei Vorhand in Höhe der linken, bei Rückhand vor der rechten Hüfte.**

Weg des Schlägerkopfes beim Slice-Schlag im Vergleich zum geraden Schlag.

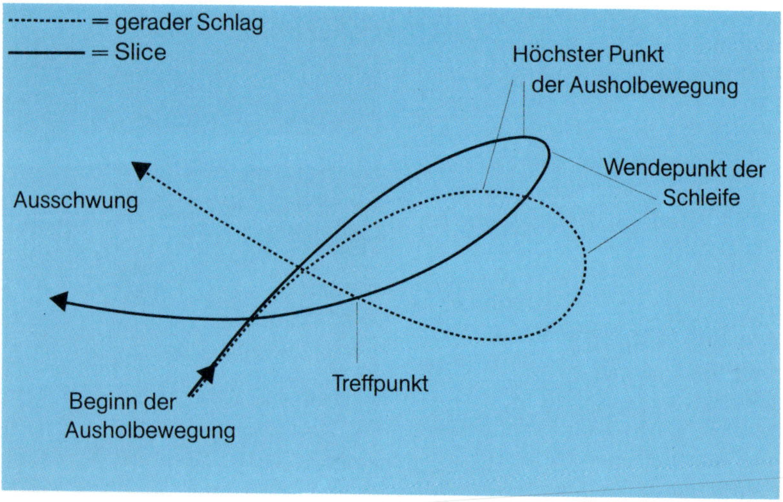

Bei Vorhand dreht der Oberkörper in frontale Stellung.

Bei Rückhand bleibt der Oberkörper in seitlicher Stellung.

Ausschwungbewegung

Nach dem Treffpunkt schwingt die Schlägerfläche noch etwas nach vorne abwärts. Dabei öffnet sie sich weiter. Der Oberkörper (Schultern) dreht nach dem Treffen des Balles beim Vorhand-Slice in die frontale Stellung bzw. bleibt beim Rückhand-Slice strikt seitlich, während der Schläger geradlinig nach vorne ausschwingt. Extremes In-die-Knie-Gehen entfällt normalerweise beim Slice.

Wissenswertes zum Slice

Frühes Ausholen und Schlagtempo

Auch beim Slice empfiehlt es sich, möglichst früh den Schläger zurückzunehmen, damit der an sich ruhige Schlag auch wirklich ohne Hast durchgeführt werden kann. Das Tempo eines als Slice gespielten Balles ist meist nicht allzuschnell. Man spricht daher gelegentlich auch davon, daß der Ball übers Netz »segelt«.
Natürlich kommen im Spitzentennis auch ausgesprochen druckvoll gespielte Slice-Schläge vor. Sie gehören jedoch zu den Ausnahmen und sind daher den Spezialisten vorbehalten.

Idealer Treffpunkt

Der Treffpunkt beim Slice liegt bei hüfthoch getroffenen Bällen vor der entsprechenden vorderen Hüfte.
Wird der Slice jedoch höher geschlagen, wird er weiter hinten gespielt; bei tieferem Treffpunkt muß er weiter vorne getroffen werden (siehe Grafik S. 32).
Der sehr hoch getroffene Ball (Kopfhöhe) sollte also verhältnismäßig weit hinten – zwischen der linken und rechten Schulter gespielt werden – da ein

Idealer Treffpunkt bei verschieden hoch getroffenen Slice-Schlägen.

»Führen« eines hohen, früher geschlagenen Balles kaum möglich ist. Der sehr tief getroffene Ball (Kniehöhe und darunter) muß dagegen weiter vorne gespielt werden, da der nach vorne ausschwingende Arm des tief in den Knien sich befindenden Spielers nur so den Ball noch kontrolliert nach vorne oben schlagen kann.

Merke: Egal wo der Ball als Slice getroffen wird, achten Sie darauf, daß die Schlägerfläche im Treffmoment stets über dem Handgelenk liegt!

Häufige Fehler

Zu früh getroffener hoher Ball
Deutlich ist sichtbar, daß eine Führung des in guter Absicht sehr früh geschlagenen Balles nicht möglich ist.

Also: treffen Sie den Slice spät, wenn Sie ihn hoch schlagen müssen. In Kopfhöhe oder darüber gespielte Bälle werden etwa zwischen den Schultern getroffen.

Zu lockeres Handgelenk
Das nach unten abknickende Handgelenk verursacht ungenaue, unsichere Schläge.

1 2

1 2

Also: stabilisieren Sie das Handgelenk, denn nur mit fixiertem Handgelenk ist ein erfolgversprechender Slice-Schlag durchzuführen. Gerade für den eher auf Sicherheit bedachten Slice ist Kontrolle am wichtigsten.

Aufdrehen während des Schlages
Aufgedrehter Oberkörper! Kontrollierte Schläge in Richtung und Länge sind auf diese Weise nicht möglich.

Also: halten Sie den Oberkörper während der gesamten Ausschwungbewegung, vor allem bei Rückhand, in seitlicher Stellung. So können Sie die Schlägerfläche weit in die gewünschte Schlagrichtung führen, den Ball kontrollieren.

Chop (Vorhand und Rückhand)

Dem Slice sehr ähnlich ist der Chop. Er wird vorwiegend als Return gegen schnelle (erste) Aufschläge eingesetzt.

Griff

Der Griff beim Chop entspricht dem beim Slice.

Schwungbewegung

Die Ausholbewegung zum Chop ist – verglichen mit dem Slice – stark verkürzt. Der Schläger wird dabei meist auf direktem Weg nach hinten oben geführt und sofort vorwärts abwärts dem Ball »entgegengedrückt«. Dabei ist die Schlägerfläche geöffnet. Nach dem Treffpunkt – der dem beim Slice entspricht – schwingt die Schlägerfläche kaum weiter. Ohne nach vorne auszuschwingen (wie beim Slice), wird der Ausschwung abgeblockt. Gewichtsverlagerung und Beinarbeit sowie die seitliche Stellung zum Ball sind wie beim Slice.

Beinarbeit

Es ist allgemein bekannt:

Stets dem Ball entgegenlaufen.
Sich schnell bewegen.
Kleine Schritte machen.
Die Knie beugen.

Trotzdem wird hier noch einmal auf die nicht zu unterschätzende Bedeutung der Beinarbeit hingewiesen. Nicht die schlechte Schlagtechnik ist die Hauptursache zahlloser unnötiger Fehler, sondern die schlampige Beinarbeit bzw. die damit verbundene mangelhafte Koordination zwischen dem Sich-zum-Ball-Bewegen und dem

Entscheidende Phase: blockiertes Ausschwingen.

1

2

2 3 4

2 3 4

Obere Bildreihe: Richtige Beinarbeit.
Untere Bildreihe: Zu große Schritte beeinträchtigen kontrolliertes Schlagen.

eigentlichen Schlag. Es ist nämlich nicht allein damit getan, dem Ball entgegen zu stürzen. Es muß vielmehr – unter Berücksichtigung von Länge, Tempo, Drall und Absprungwinkel des entgegenkommenden Balles – einiges aufeinander abgestimmt werden:

- O Abstand zum Ball.
- O Ausholen (gleichzeitig mit dem Hinlaufen).
- O Laufen in die Schlagrichtung.
- O Schrittgröße.
- O Beugen der Knie.

Nur so ist gewährleistet, daß der Spieler einwandfrei ausbalanciert den Schläger locker dem Ball entgegenschwingen kann. Durch Training lernt man diese verschiedenen notwendigen Bewegungsabläufe zu koordinieren. Und was anfangs bewußt geübt werden muß, wird bald automatisiert sein.

Die obere Bildreihe zeigt wie der Spieler mit Sidesteps und kleinen Schritten Voraussetzungen zum guten Schlag schafft.
Einen wesentlichen Fehler zeigt die andere Bildfolge:
Riesenschritte verderben das Schlagkonzept. Der Spieler hat so keine Möglichkeit Unvorhergesehenes auszugleichen.

Besondere Flugbälle

Neben dem »normalen« Flugball, also dem Schlag, den Sie in guter Netzposition etwa in Schulterhöhe Ihrem Gegner lang in die Ecke oder cross nach außen wegsetzen, gibt es Flugbälle, die in extremen Situationen geschlagen werden müssen.
Je besser Sie spielen, um so öfter sind Sie zu solchen Volleys gezwungen.

Tiefer Flugball

Wenn man von einem Return oder Passierball »auf die Füße« beim Nach-vorne-Laufen überrascht wird, kann nur ein guter tiefer Flugball die Situation retten.
Dieser Schlag, der meist in der Nähe der T-Linie oder gar dahinter (Richtung Grundlinie) ausgeführt wird, erfordert neben Schnelligkeit, Gewandtheit und gutem Auge eine erstklassige Schlagtechnik. Zunächst ist die Ausholbewegung dieses knapp über dem Boden gespielten Balles verkürzt, oft nur angedeutet. Der Schlag wird von hinten schräg nach vorne durchgeführt, wobei sich der zuvor leicht angewinkelte Schlagarm zum Treffpunkt hin streckt. **Dabei beugt man extrem die Knie.** Anders als beim »normalen« Flugball, wo der Ball getroffen wird, bevor der Spieler mit dem vorderen Fuß den Boden berührt, setzt beim tiefen Volley der Fuß **vor** dem Ballkontakt auf. Das Handgelenk ist fixiert, die Schlägerfläche beim Treffpunkt, der vor dem vorderen Fuß liegt, geöffnet. Wie weit sie geöffnet ist, hängt von der Entfernung des Spielers vom Netz ab. Je näher, desto mehr muß die Schlägerfläche geöffnet werden.

Beim tiefen Flugball haben Treffpunkt und schlägerhaltende Hand etwa gleiche Höhe.

Die Netzentfernung entscheidet auch über die Intensität des Ausschwunges nach dem Treffpunkt. Ist man sehr weit weg, etwa vor der T-Linie (zur Grundlinie hin), muß man mit der Schlägerfläche dem Ball folgen, also versuchen, ihn gewissermaßen übers Netz zu heben. Hier kann eventuell ein Nachgeben des Handgelenkes analog der sich öffnenden Schlägerfläche von Vorteil sein. Sehr nahe am Netz sollte man bei stark geöffneter Schlägerfläche den Ausschwung nach dem Treffpunkt möglichst abstoppen. Die Gefahr, daß der Ball andernfalls ins Netz »geführt« wird, ist recht groß.

Hoher Flugball

Der andere, normalerweise extreme Flugball ist der hohe, an der Grenze der Reichweite getroffene.
Dieser meist im Sprung gespielte Schlag erfordert in erster Linie ein gutes Auge, Beweglichkeit sowie ein sehr stabiles Handgelenk. Da er von hinten-oben nach vorne-unten geschlagen wird, scheint er eigentlich leicht zu sein. Der Sprung nach dem Ball und der meist voll ausgestreckte Schlagarm begrenzen jedoch die Schlagkontrolle erheblich. Dies führt dazu, daß der Spieler, der den Ball ja möglichst mit hohem Tempo zum direkten Punktgewinn verwandeln will, befürchtet, diesen zu lang zu setzen: Unbewußt neigt er daher dazu, die Schlägerfläche zu kippen, so daß der Ball gelegentlich im Netz landet. Achten Sie daher darauf, die Schlägerfläche geöffnet zu halten, während Unterarm und/oder Handgelenk korrekt zuschlagen.

Der Flugball-Lob, der Flugball-Stop sowie der mit Topspin gespielte Volley sind andere Flugballarten, die zu den Spezialschlägen gehören. Da sie aber normalerweise nicht zum Matchgewinn notwendig sind, zum anderen nur dann Erfolg versprechen, wenn sie optimal ausgeführt werden, sollten sie den Spezialisten überlassen bleiben.

1 2 3
Optimaler Halbflugball: kurze Ausholbewegung (1, 2); tiefes Beugen der Knie und Hüften (3, 4);

Halbflugball

Dieser unmittelbar nach dem Aufsprung gespielte Ball gehört zu den technisch schwierigsten Schlägen. Kein Wunder, daß man ihn deshalb zu vermeiden sucht, indem man ihn früher – als Flugball oder später – als Grundlinienschlag auszuführen beabsichtigt. Dies ist jedoch nicht immer möglich, vor allem im Turniertennis, denn der mit dem Aufschlag oder Angriffsball ans Netz Stürmende muß sich nun mal mit dem Ball auseinandersetzen, den sein Gegner ihm vor die Füße spielt.
Der an der Grundlinie geschlagene Halbflugball dagegen wird seltener angewandt.

Griff

Der Vorhand-Halbflugball wird mit dem Vorhandgriff (siehe S. 12), der Rückhand-Halbflugball mit dem Rückhandgriff (siehe S. 20) gespielt.

Schwungbewegung

Im wesentlichen entspricht der Bewegungsablauf des Halbflugballes dem eines Grundlinienschlages.

An der Grundlinie ausgeführt, stimmen Ausholbewegung, Schlag- und Ausschwungbewegung des Halbflugballes mit der Bewegung des entsprechenden Grundlinienschlages überein. Bedingt durch den tiefen Treffpunkt wird der untere Bogen der Schleife sehr flach durchgeführt. Der Schläger wird beinahe parallel zum Boden dem Ball entgegengeschwungen, während der Spieler die Knie tief beugt.

4 5 6
festes Handgelenk; Augen auf den Ball gerichtet.

Am Netz, also etwa in T-Linienhöhe gespielt, sind Aushol- und Ausschwungbewegung deutlich kürzer. Da dieser Schlag meist im Nach-vorne-Laufen durchgeführt wird, ist darauf zu achten, daß der in den Knien – das hintere Bein ist mehr gebeugt als das vordere! – und Hüften stark gebückte Körper während der Schlagbewegung möglichst vorgebeugt bleibt, da zu frühes Aufrichten den Schwerpunkt des Körpers aus der Bewegungsbahn des Schlagarmes nimmt, was wiederum die Ballkontrolle – zu hohe Flugbahn – beeinflussen würde.

Der Treffpunkt liegt etwas früher als beim Grundlinien-Halbflugball, beim Rückhand-Halbflugball analog weiter vorne als beim Vorhand-Halbflugball. Das Handgelenk ist fest blockiert, die Schlägerfläche ist beim Ballkontakt weniger (Netzhöhe) oder mehr (Grundlinie) geschlossen.
Lassen Sie Ihren Blick immer auf den Ball gerichtet, denn schon bei kleinsten Fehleinschätzungen landet er im Aus, Netz oder vor den Füßen des bereitstehenden Gegners.

1

2

Gerader Aufschlag.

Slice-Aufschlag

Beim Slice-Aufschlag wird auf den Ball Seiten- und Vorwärtsdrall übertragen, wobei der Seitendrall (von rechts nach links) überwiegt.

Griff

Beim Slice-Aufschlag wird der Rückhand- (siehe S. 20) oder der Mittelgriff (liegt zwischen Vorhand- und Rückhandgriff) verwendet.

Aufschlag mit Slice.

1

2

3

4

Ballwurf

Während Sie den Ball zum geraden Aufschlag über Ihren zum rechten Netzpfosten zeigenden linken Fuß hochwerfen und zwar etwa 30 bis 50 cm über die gedachte Treffpunkthöhe, wird der Ball zum Slice etwas mehr nach rechts und nicht ganz so weit nach vorne hochgeführt.

Vergleicht man Ballwurf und Ausholbewegung der oberen Bildreihe (gerader Aufschlag) mit der unteren (Slice-Aufschlag), kann man feststellen: zum Slice

- wird der Ball mehr nach rechts geworfen,
- streckt sich der linke Arm mehr nach rechts oben,
- dreht sich die rechte Schulter mehr nach hinten.

3 

 4

1 2 3
Slice-Aufschlag: Gesamtbewegung.

Ausgangsstellung

Man nimmt die gleiche Ausgangsstellung wie zum geraden Aufschlag ein. Zur Erinnerung: man stellt sich zwischen 20 und 100 cm links oder rechts von der Mitte der Grundlinie entfernt auf. Die linke Fußspitze – etwa 5 cm vor der Linie – zeigt zum rechten Netzpfosten. Der rechte Fuß steht etwa parallel zur Grundlinie, eine Schulterbreite vom linken. Die linke Schulter, die Schlägerspitze sowie die Verbindungslinie der beiden Fußspitzen zeigen in Schlagrichtung. Das Gewicht ist etwa gleichmäßig auf beide Füße verteilt. Der Schläger wird locker mit der rechten Hand gehalten, von der linken unterstützt.

Schwungbewegung

Im wesentlichen gleicht der Bewegungsablauf zum Slice-Service dem des geraden Aufschlages. Da dieser der natürlichen Wurfbewegung, z. B. dem Steinwurf entspricht, ist er verhältnismäßig einfach und leicht nachzuvollziehen.
Da sich durch den veränderten Ballwurf beim Slice das Schlagziel mehr nach rechts verlagert hat, wird sich naturgemäß sowohl der linke Arm weiter nach rechts-oben strecken, als auch die rechte Schulter sich mehr nach hinten drehen. Dadurch wird die Schlagbewegung verändert, der Schwungbogen etwas nach rechts-oben ausgedehnt. Dabei streicht die von links-unten hinter dem Rücken aus der Schleife kommende Schlägerflä-

4

5

6

che gewissermaßen diagonal nach rechts-oben an der rechten Seite des Balles vorbei. Diese Schwungbewegung des Schlägers wird unterstützt durch eine bewußte, gleichgerichtete Drehung des Handgelenks im Treffmoment.

Nach dem Treffpunkt schwingt der Schläger aufgrund des veränderten Schwungbogens (der Ball wird ja weiter rechts als beim geraden Aufschlag getroffen) diagonal vor dem Körper direkt zur linken Hüfte aus.

Gewichtsverlagerung, Körpereinsatz und Beinarbeit entsprechen im übrigen bei der gesamten Schwungbewegung dem geraden Aufschlag. Siehe auch S. 48.

Gut zu sehen ist, daß die Besaitung rechts am Ball vorbeigestrichen ist.

1
Gerader Aufschlag

2

Topspin-Aufschlag

Beim Topspin-Aufschlag wird auf den Ball Vorwärts- und Seitwärts-Drall (von links nach rechts) übertragen, wobei der Vorwärtsdrall überwiegt und deshalb das Absprungverhalten deutlich beeinflußt, d. h., der Ball springt hoch ab.

Griff

Beim Topspin-Aufschlag wird der Rückhandgriff (siehe S. 20) oder der Mittelgriff, der zwischen Vorhand- und Rückhandgriff liegt, verwendet.

Aufschlag mit Topspin.

1

2

3

4

Ballwurf

Zum Topspin-Aufschlag wird der Ball – verglichen mit dem Wurf zum geraden Aufschlag – mehr zur linken Schulter hin und nicht ganz so weit nach vorne hochgeführt. Keinesfalls sollte man den Ball jedoch zu sehr hinter den Körper werfen.
Vergleicht man Ballwurf und Ausholbewegung der oberen Bildreihe (gerader Aufschlag) mit der unteren (Topspin-Aufschlag), kann man feststellen: zum Topspin

- wird der Ball mehr zur linken Schulter und etwas weiter zurück hochgeführt,
- streckt sich der linke Arm mehr nach links hinten,
- werden die Knie mehr gebeugt, die Bogen-(Körper)spannung verstärkt.

3

4

1 2 3

Topspin-Aufschlag: Gesamtbewegung.

Schwungbewegung

Die Ausgangsstellung ist die gleiche wie zum geraden Service. Im wesentlichen gleicht auch der Bewegungsablauf dem des geraden Aufschlages. Da durch den veränderten Ballwurf sich auch der Treffpunkt mehr nach links-hinten verlagert, muß sich auch die rechte Schulter, etwa wie beim Slice, etwas mehr nach hinten drehen.

Vor allem aber müssen sowohl die Knie mehr gebeugt als auch das Hohlkreuz mehr betont werden. Man sollte sich gewissermaßen unter dem hochgeworfenen Ball wie eine Feder spannen (3), um von da den tief hinter dem Rücken schwungholenden Schlägerkopf dem Ball entgegen zu schleudern. Dies geschieht bei gleichzeitigem Strecken des Körpers (4) und rechten Armes nach oben, wobei das nach vorne-oben in Schlagrichtung bewußt agierende Handgelenk den entscheidenden Ausschlag gibt. Dabei streicht die Schlägerfläche von links-unten (Ballkontakt) nach rechts-oben diagonal über die Rückseite des Balles.

4

5

6

Nach dem Treffpunkt schwingt der Schläger zunächst etwas mehr rechts (5), bevor er zum linken Bein hin auspendelt.
Gewichtsverlagerung, Körpereinsatz und Beinarbeit entsprechen im übrigen bei der gesamten Schwungbewegung dem geraden Aufschlag.

Stefan Edberg mit einer für ihn typischen, dynamischen Aufschlagbewegung.

Wissenswertes zu den Aufschlägen mit Drall

Beim Slice wird der Schläger nicht in die gewünschte Schlagrichtung geschwungen, wie man es bei allen anderen Schlägen zu tun pflegt. Dieses ungewohnte Gefühl darf nicht dazu veranlassen, an der Wirkung des eigenen Aufschlages zu zweifeln. Der Schwung der Schlägerfläche, die Drehung des Handgelenkes und der dadurch auf den Ball übertragene Drall sorgen dafür, daß der Aufschlag ins Feld geht.

Es ist leichter, einen geraden Aufschlag genau zu plazieren als einen geschnittenen. Auch wenn man schnell verstanden hat, wie man Drall auf einen Ball überträgt, wird es doch eine gewisse Weile dauern, bis man diesen in Rotation versetzten Ball kontrollieren kann. Es empfiehlt sich daher, mit den Drallaufschlägen zunächst im Ernstfall nur in die Ecken zu zielen, die man sicher erreichen kann.

Da es eindeutig leichter ist, die verschiedenen Aufschlagarten durchzuführen, wenn der Ball entsprechend mehr nach links, rechts, mehr nach vorne oder nach hinten hochgeworfen wird, sollte man diese Hilfen zunächst wahrnehmen. Man darf nur nicht überrascht sein, wenn der Gegner sich schon frühzeitig auf das, was da kommen wird, einstellt: Er sieht ja auch, ob der Ball mehr links oder rechts hochgeworfen wird. Aus diesem Grund sollte man versuchen, im Laufe der Zeit die verschiedenen Ballwurfarten immer näher zusammen zu bekommen, bis schließlich der Gegner den Unterschied des Wurfes kaum noch erkennen kann.

Grundsätzlich muß sich der Ballwurf dem Aufschlag (Schwung) unterordnen, d. h., schlecht geworfene Bälle sollen nicht geschlagen werden. Das bezieht sich sowohl auf die Wurfrichtung als auch auf die Wurfhöhe. Nur dann kann man erwarten, daß der Aufschlag wunschgemäß und zielentsprechend funktioniert.

Einsatz der Technik

Unter Einsatz der Technik wird hier die Anwendung bestimmter Schlagarten, Schlägerhaltungen, Schlagpositionen usw. in bestimmten Situationen verstanden. Scheinbar unabhängig von der Taktik soll versucht werden, die im Spiel auftretenden Probleme zunächst technisch zu lösen; dabei wird vorausgesetzt, daß der Spieler die korrekte technische Ausführung der verschiedenen Schläge und Schlagarten kennt bzw. beherrscht. Notwendig erscheinende technische Zusatzinformationen werden ausführlich gegeben.

Grundlinienspiel

Als Grundlinienspiel wird die Spielweise im Tennis bezeichnet, zu der der Spieler die für den Ballwechsel notwendigen Schläge in Höhe der Grundlinie durchführt.

Der »sichere« Grundlinienschlag

Unter einem »sicheren« Ball versteht man einen Schlag, bei dem einerseits die Gefahr einen Fehler zu machen (Ball im Netz, seitlich oder hinten aus) nicht oder kaum besteht, andererseits der Gegner aber auch nicht einen leicht zu verwertenden Vorteil erhält. Der Schlag muß also hoch genug übers Netz – ca. 1 bis 2 m –, darf nicht zu nahe an die Seiten- bzw. Grundlinie gespielt werden – Abstand ca. 1 m – und soll darüber hinaus nicht zu weich und kurz geschlagen werden.

Für einen Ballwechsel, bei dem man nicht unter Druck steht, kann man alle drei Schlagarten verwenden:

- den geraden Schlag
- den Topspin
- und den Slice.

Tospin und Slice sind jedoch ohne Frage die »sichereren« Schlagarten, denn beide können »normal« ausgeführt werden, ohne das Sicherheitsrisiko zu vergrößern. Der gerade Schlag dagegen erreicht gleiche Sicherheit nur mit geringerem Schlagtempo bzw. vergrößerter Schlaghöhe.

Wird das Schlagtempo des Gegners größer, sollte man dann auf den geraden Ball verzichten, wenn die eigene Fehlerquote höher ist als die des Kontrahenten. Es bietet sich der Topspin an, der auch bei hartem Zuschlagen große Sicherheit gewährt. Dazu muß allerdings die Schlägerfläche steiler hochgezogen werden. Der sichere Topspin soll im Fallen geschlagen werden (siehe auch S. 25 Punkt 1 der Ballkurve). Das heißt, man versucht dann besser nicht, den Ball früh oder gar im Steigen zu schlagen.

Wenn man das Schlagtempo nicht erwidern kann, weil man besonders unter Druck steht, bietet sich auch der Slice an, ein Schlag, der mit knappster Ausholbewegung noch sicher zurückgespielt werden kann. Er fliegt langsamer und gibt so auch die notwendige Zeit, nach dem Schlag wieder in Stellung zu gehen. Dies gilt grundsätzlich auch für den Lob, der, unter stärkster Bedrängnis als Slice oder gerade gespielt, wohl als sicherster Grundlinienschlag überhaupt zu bezeichnen ist.

Cross – Longline

Jeder Vorhand- und Rückhandschlag ist entweder ein Cross- oder ein Longline-Ball. Obwohl im Prinzip beides technisch gleich abläuft, gibt es drei verschiedene Arten, einen bewußten Cross oder Longline zu spielen.

Man kann durch frühes (1) oder spätes (2) Treffen des Balles (Grafik unten) gut cross oder longline spielen, ohne daß die Stellung der Füße dazu verschieden sein muß. Die Oberkörperdrehung bzw. der Armzug ist alleine für den frühen Treffpunkt (cross) bzw. den späteren Treffpunkt (longline) verantwortlich.

Man kann jedoch zum Cross- und Longline-Ball auch den Ball genau am gleichen Punkt treffen, d. h. für beide Schläge die original gleiche Schlagausführung beibehalten. In diesem Fall müssen die Füße entsprechend der Schlagrichtung stehen: bei cross parallel zur Diagonalen (1) beim longline parallel zur Seitenlinie (2) (siehe Grafik unten):

Die dritte Möglichkeit ist, das Handgelenk mehr zu öffnen (longline) bzw. mehr zu schließen (cross).

Versuchen Sie herauszufinden, welche der Möglichkeiten Ihnen am erfolgversprechendsten erscheint – und somit am sichersten ist. (Siehe Einsatz der Taktik, S. 70.)

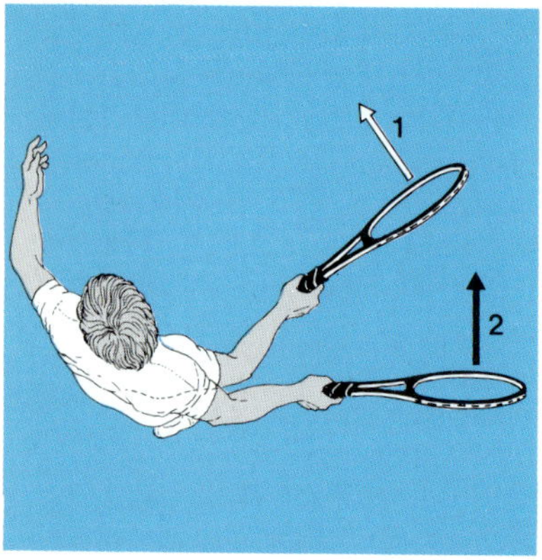

Früh (1) bzw. spät (2) getroffener Grundlinienschlag.

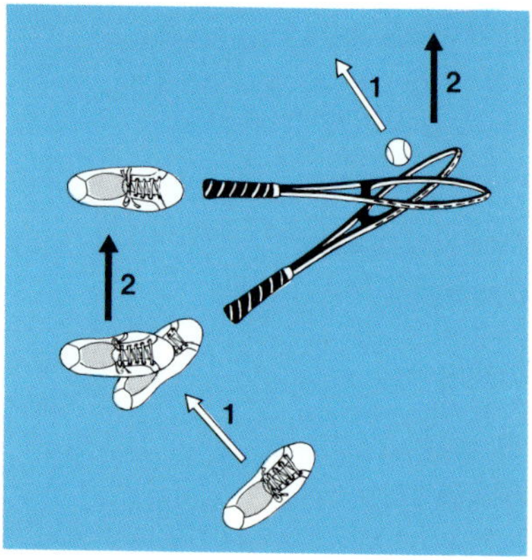

Unterschiedliche Fußstellung zum Cross (1) bzw. Longline (2).

Der »aggressive« Grundlinienschlag

Wenn man Druck machen oder gar direkte Punkte erzielen will, muß man schneller spielen. Das erreicht man durch frühes In-den-Ball-Gehen, schnellere Schlagbewegung und sehr flaches Spiel. Dafür eignen sich der gerade Ball und der Topspin besonders. Wenn man also entschlossen ist, den Gegner über den Platz zu jagen, d. h. die aggressive Vorhand einzusetzen, ja sogar bereit ist, die Rückhand zu umlaufen, sollte man das ganz konsequent tun.

Wichtig:

- Mit kleinen Schritten optimal in Stellung gehen, während man zum Schlag ansetzt.
- Den Ball am höchsten Punkt oder gar im Steigen treffen.
- In Schlagrichtung voll durchziehen, aber genau auf die korrekte Seitstellung achten.

Je flacher die Schlagbewegung (Schleife), desto schneller der Ball. Sofort nach dem Schlag den Platz wieder abdecken und immer damit rechnen, daß der Ball zurückkommt. Bei dieser Spielweise darf man nicht entsetzt sein, wenn der Schlag im Netz hängenbleibt oder ins Aus geht. Aggressives Tennis ist mit Risiko verbunden!

Übrigens: Ein Topspin-Lob zählt auch zu den aggressiven Grundlinienschlägen.

Der »erfolgreiche« Passierball

Ein spezieller Grundlinienschlag ist der Passierball. Der mit einem Angriffsball ans Netz stürmende Gegner zwingt oft zu diesem Schlag, mit dem man am Netzspieler vorbeikommen oder diesen wenigstens zu einem schwierigen Flugball zwingen kann. Da der Angriff meist in eine Ecke des Platzes gerichtet ist, wird der Passierball stets aus dem Lauf, sehr oft aus vollem Lauf gespielt. Wenn genügend Zeit zur Verfügung steht, um mit kleinen Schritten gut in die gewünschte Schlagstellung zu kommen, dann tut man dies natürlich. Der Passierball wird dadurch zum gewohnten Grundlinienschlag cross oder longline.
Wenn man jedoch zum Schlag aus vollem Lauf gezwungen wird, sollte man auf folgendes achten:

- Bereits während des Laufens ausholen.
- Schnelle, möglichst kleine Schritte.
- Den Ball exakt im Auge behalten, bis er getroffen ist.
- Bewußt und energisch in Schlagrichtung nach vorne-oben durchziehen.

Da sich der Körper (Körpermasse) in Laufrichtung entlang der Grundlinie bewegt, die Schlagrichtung jedoch im rechten Winkel zur Laufrichtung steht, ist es fast unmöglich, den Körper so einzusetzen, daß die Kraftübertragung auf dem Ball unterstützt wird. D. h., der Arm alleine muß diese Aufgabe übernehmen.

1

2

3

Vorhand-Passierball aus vollem Lauf: deutlich, daß der vordere Fuß erst nach dem Treffpunkt Bodenkontakt hat.

Beim Treffpunkt dieses aus vollem Lauf gespielten Passierschlages hat der vordere Fuß oft noch keinen Bodenkontakt. Dies geschieht erst nach dem Schlag.

Das Gewicht wird nach dem Schlag mit und vom rechten Bein aufgefangen. Danach so schnell wie möglich zur Platzmitte zurückkehren, um einen möglichen, erneuten Flugball zurückspielen zu können.

Als Passierball eignen sich besonders der gerade Schlag und der Topspin, vor allem letzterer, da sich dieser nach Überqueren des Netzes senkt. Auf jeden Fall soll der Passierball flach gehalten werden, denn dann wird der Gegner gezwungen sein, von unten nach oben zu vollieren, was den Ballwechsel offen hält.

Erwähnt sein soll hier noch der **kurze Cross.** Er ist der technisch am schwierigsten durchzuführende Passierball, aber dafür auch, falls er gelingt, der erfolgversprechendste. Als Slice (mit Gefühl und weich) oder als Topspin (schnell und mit viel Drall) wird er von den Experten gelegentlich gespielt, birgt aber, wie gesagt, viel Risiko in sich.

Denn: Ist er zu flach, bleibt er im Netz hängen, ist er zu lang, geht er seitlich aus.

Wenn man sich dennoch an ihn heranwagt, sollte man folgendes beachten:

Nur aus dem Mittelfeld spielen (also nicht von der Grundlinie aus), z. B. nach einem mißglückten Flugball des Gegners.

4

5

6

Über die Netzmitte spielen.

Konsequent spielen, d. h. beim Topspin Schläger, Schlagarm und Ellbogen deutlich hochziehen (maximaler Topspin), beim Slice bewußt in den Ball gehen, nicht zurückfallen, d. h. den vorderen Fuß keineswegs schon während des Schlages zurücknehmen, was man gerne tut, um den Platz möglichst schnell gegen den nächsten Flugball abzudecken.

Dynamisches Ausschwingen des Schlagarmes nach einem Vorhand-Passierball in Schlagrichtung.

Netzspiel

Als Netzspiel wird die Art von Tennis bezeichnet, zu der der Spieler die für den Ballwechsel notwendigen Schläge als Flug- oder Schmetterball meist zwischen T-Linie und Netz durchführt.

Das bedeutet, der Volley soll etwa 3 m vom Netz entfernt ausgeführt werden.
Achten Sie aber darauf, daß Sie auch nach dem Volley bewegungsbereit bleiben, denn sonst können Sie vom nächsten Passierball des Gegners überrascht werden.

Der »erfolgreiche« Flugball

Je weiter weg vom Netz und je tiefer der Ball geschlagen wird, desto schwieriger ist er. Die Netzposition ist demnach neben der Reichweite (Körpergröße und Sprungkraft) und dem Reaktionsvermögen maßgebend für den Erfolg des Flugballs. Das ist logisch, denn ein weit vorne, in oder über Netzhöhe gespielter Ball hat eine Fehlerquelle schon so gut wie überwunden: das Netz.
Man soll deshalb versuchen immer nah ans Netz zu kommen, damit die Wahrscheinlichkeit, unter Netzhöhe zu vollieren, sehr gering wird.

Der Cross-Volley

Achten Sie darauf, daß Sie beim Cross-Flugball den Ball wirklich vor dem Körper treffen, wobei die Schlägerfläche stets über der schlägerhaltenden Hand steht. Das Handgelenk ist dabei fixiert. (Siehe Fotoreihe unten).

Der Longline-Volley

Der an der Linie entlang gespielte Flugball wird dagegen etwas später getroffen, wobei Schlägerfläche und schlägerhaltende Hand etwa **gleiche**

Tiefer Cross-Flugball: Schlägerfläche über Handhöhe.

1

2

1

2

Tiefer Longline-Flugball: Schlägerfläche und Hand auf gleicher Höhe.

Höhe haben. Auch hier ist natürlich das Handgelenk fixiert. Achten Sie einmal bewußt auf diese beiden Unterschiede zwischen Cross- und Longline-Volley. Sie werden dann problemlos den Ball in die gewünschte Ecke spielen können.

Der Ball auf den Körper

Wenn einem der Gegner verhältnismäßig nahe am Netz gegenübersteht, muß man neben Passierball und Lob auch mit einem Schlag auf den Körper rechnen. Egal wie gut die Flugballtechnik ist, gegen diesen Ball sollte man ausschließlich auf seine Reflexe bauen. Dazu hält man den Schläger besonders fest, schaut den Ball genau an, bleibt aber bewegungsbereit. Schon wenn man zögert, ängstlich aus- oder zurückweicht, hat man den Punkt verloren. Ist man entschlossen und konsequent, besteht eine gute Chance den Punkt zu gewinnen, selbst wenn der Ball nur mit dem Rahmen getroffen wird. Bälle auf den Körper werden in der Regel mit Rückhand geschlagen, da aus anatomischen Gründen der Körper so besser mit der Schlägerfläche abzudecken ist.

Der »erfolgreiche« Schmetterball

Zu nahe am Netz stehend wird man überlobbt. Das beste Mittel dagegen ist ein guter Schmetterball. Dazu zwei wichtige Hinweise:

Nehmen Sie jeden Lob ernst. Auch zum kümmerlichsten Lob sauber, mit kleinen Schritten in seitliche Stellung gehen und über Kopf mit voller Kraft ins offene Feld schmettern. Aber Vorsicht! Manche verunglückten Lobs kommen zu flach. Sie haben nicht mehr die zum korrekten technischen Schlagablauf notwendige Höhe für den Schmetterball und werden daher oft verschlagen. Diese Bälle sollten unbedingt als hohe Flugbälle gespielt werden. Eine schnelle Entscheidung ist wichtig.

Zögern Sie nicht, möglichst nahe ans Netz heranzugehen, auch wenn Sie den Lob befürchten müssen. Es ist technisch einfacher und entspricht mehr dem Bewegungsablauf, sich nach hinten zum Lob zu strecken als nach vorne. Nicht die mangelhafte Technik wäre in diesem Fall verantwortlich für den unnötigen Fehler, sondern die Schlagposition.
Es gibt gewisse Standardsituationen, die immer wieder auftreten. Zu folgenden sollen einige Verhaltensregeln angegeben werden, mit denen man den verschiedenen Arten von Lob begegnen kann.

Der Gegner lobbt kurz und hoch

Diesen Lob, der etwa auf der T-Linie herunterkommt, soll man aufspringen lassen, da es sehr schwierig ist, steil herunterfallende Bälle sauber zu treffen. Dann geht man einen Schritt unter den wieder hochspringenden Ball und schmettert ihn über Kopf weg.

Der Gegner lobbt kurz

Diesen schlechten Lob soll man – ohne Hast! – konzentriert, mit voller Kraft wegschmettern. Wenn irgend möglich aus dem Stand schmettern! Zu einem Lob nur dann hochspringen, wenn es unbedingt notwendig ist, also nicht nur zur Schau.

Gegner lobbt lang

Auch diesen Ball sollte man versuchen, im Stand zu schmettern, d. h. nur dann im Sprung schlagen, wenn es nicht zu vermeiden ist!

Der Gegner lobbt lang und sehr hoch

Dieser sehr gute Lob macht auch dem Spitzenspieler zu schaffen. Hier ist sehr früh zu entscheiden, ob man schmettert oder den Ball aufspringen läßt.
Beim Schmettern dieses Balls, was nur im Sprung möglich ist, sollte man nicht unbedingt auf direkten Punktgewinn aus sein. In erster Linie muß der Ball lang zurückgebracht werden.
Wenn ein erfolgversprechender Schmetterball nicht möglich erscheint, dann muß man so schnell es geht zurücklaufen ohne den Ball aus dem Auge zu verlieren. Während des Laufens muß der Ball ständig über die linke Schulter angesehen werden. Nach dem Aufsprung wird er dann als besonders hoher Lob zurückgespielt. So gewinnt man Zeit, wieder in Stellung zu gehen.
Beachten Sie sorgfältig, wie Ihr Gegner lobbt. Der gerade und unterschnittene Schlag kann normal geschmettert werden. Kommt jedoch ein Topspin-Lob, muß der Ball besonders gut anvisiert und der Schläger noch fester gehalten werden, um den Ball genau treffen zu können. Dabei zielt man bewußt auf die Netzkante, wenn

man die Grundlinie erreichen will. Der extreme Drall verändert den Absprungwinkel auf der Schlägerfläche derart, daß man sonst Gefahr läuft, den Schmetterball ins Aus zu setzen.

Aufschlag

Der korrekte technische Ablauf der drei Aufschlagarten – gerader Aufschlag, Slice und Topspin – wird als bekannt vorausgesetzt (siehe S. 39 ff.) Die Position des Aufschlägers an der Grundlinie sowie ein veränderter Ballwurf kann die entsprechende Aufschlagtechnik erheblich unterstützen.

Ausgangsstellung

Wenn Sie mit voller Kraft aufschlagen, z. B. den geraden Aufschlag, dann ist die Wahrscheinlichkeit, daß der Ball ins Feld geht um so größer, je niedriger das Netz ist. Es ist somit einfacher, einen harten Aufschlag über die Netzmitte zu versuchen. Dazu sollte man sich entsprechend stellen. Beim Aufschlag auf die Mittellinie (als Ziel die Rückhand des Rechtshänders beim Aufschlag von rechts bzw. des Linkshänders von links) sollte man sich also möglichst nahe an den Mittelstrich der Grundlinie, beim Aufschlag nach außen entsprechend weit weg vom Mittelstrich der Grundlinie stellen. Wenn man dagegen einen Slice-Aufschlag von rechts auf die Vorhand des Gegners plazieren will, so ist dies leichter, wenn man dazu etwas weiter rechts von der Mitte der Grundlinie Stellung nimmt. Die optimale Ausgangsstellung vermindert demnach das Fehlerrisiko und erleichtert das Erreichen des Aufschlagzieles; das gilt sowohl für die Schlagrichtung als auch für die Schlagart.

Ballwurf

Wie schon beim Slice- oder Topspin-Aufschlag erwähnt, kann der Ballwurf die Qualität des Aufschlages erheblich beeinflussen. Das bezieht sich aber nicht nur auf die unterschiedlichen Drallaufschläge, sondern auf jeden Aufschlag.
So kann der Abwurf weiter nach vorne oder nach hinten – bei gleichem Schlagtempo – bewirken, daß der Ball nicht mehr ins Aus oder ins Netz geht.
Werfen Sie den Ball etwas weiter nach vorne, wenn er ständig zu lang ist – oder etwas weiter nach hinten, wenn der Aufschlag zu oft im Netz hängen bleibt.
Werfen Sie weiter nach rechts und etwas niedriger, wenn Sie einen extrem flach wegspringenden Slice gegen Ihren hüftsteifen Kontrahenten einsetzen wollen, bzw. weiter nach links hinten, wenn Ihr Topspin-Aufschlag gegen Ihren körperlich kleinen Gegner besonders hoch springen soll.

Return

Zur Erinnerung: die Bereitschaftsstellung des Retournierenden sollte normalerweise zwischen 1 m vor und 1 m hinter der Grundlinie auf der Winkelhalbierenden des Streuwinkels der zu erwartenden Aufschläge sein (siehe Grafik rechts).

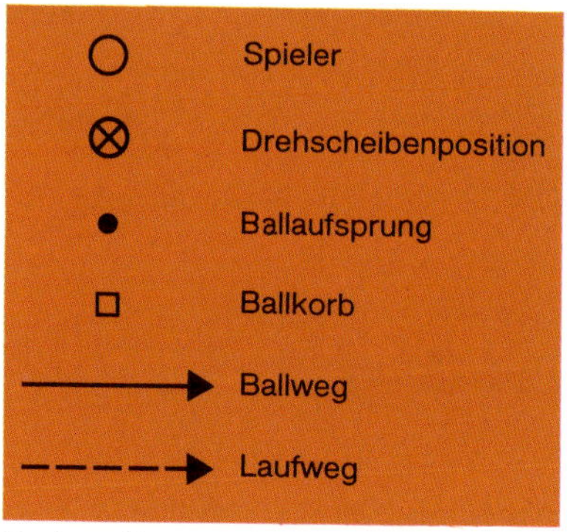

Zeichenerklärungen für die Grafiken

Richtiges Verhalten auf verschiedene Aufschläge

Die verschiedenen Aufschlagarten, die der Gegner einsetzen kann, haben unterschiedliche Absprungwinkel. Das Verhältnis der Winkel untereinander kann man in nebenstehender Grafik ablesen.

Gerader Aufschlag

Der gerade Aufschlag springt »normal« ab, d. h., der Absprungwinkel entspricht ungefähr dem Aufsprungwinkel, und die Flugbahn des Balles bleibt nach dem Aufsprung in der gleichen Richtung. Seine Gefährlichkeit rührt vom Schlagtempo und der genauen Plazierung her. Man muß also vor allem zum Return schnell reagieren.

Slice-Aufschlag

Der Slice-Aufschlag ist meist langsamer. Er springt flacher weg als der gerade und – gut ausgeführt – deutlich nach rechts (vom Rückschläger aus gesehen). Man muß also zum Return tief in die Knie und vor allem beim Aufschlag von links die Vorhandseite

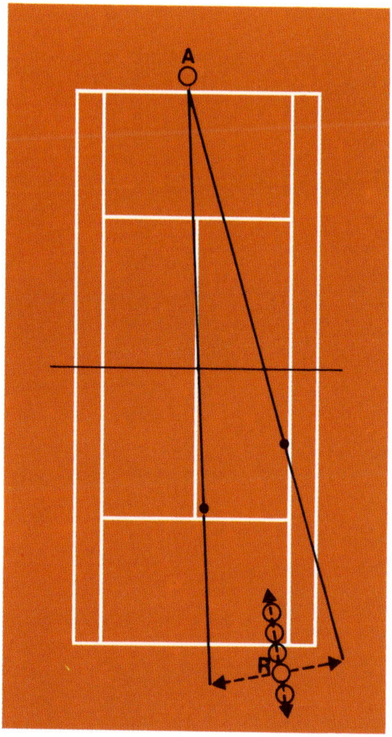

Mögliche Positionen der Retournierenden auf der Winkelhalbierenden.

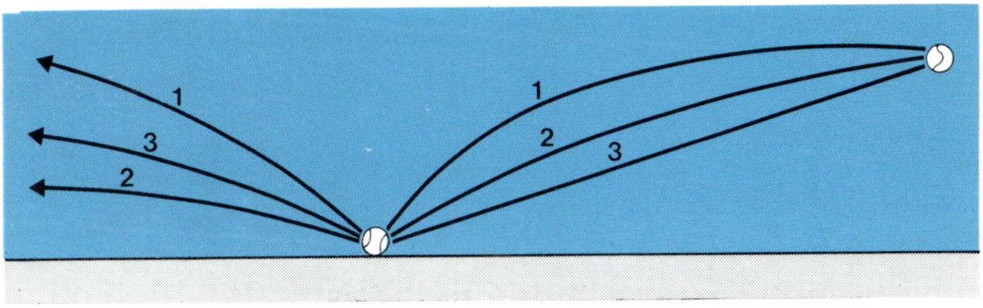

Absprung des Balles bei verschiedenen Aufschlagarten: 1 Topspin-, 2 Slice-, 3 gerader Aufschlag.

abdecken. Wird auf die Rückhand serviert, dann Vorsicht: der Ball springt auf den Körper zu. Ein voll durchgezogener Return ist dann oft nicht möglich.

Topspin-Aufschlag
Der Topspin-Aufschlag ist ebenfalls langsamer als der gerade. Er springt deutlich höher ab sowie mehr nach links (vom Return-Spielenden aus gesehen). Man muß also beim Return mit einem über Schulterhöhe ankommenden Ball rechnen. Genau hinsehen! Zur Not nur ins Feld drücken (Chop). Die Qualität des Returns hängt also unmittelbar von der Qualität des Aufschlages des Gegners ab. Da dieses gegnerische Service nicht nur schnell, sondern auch sehr gut plaziert sein kann, wird man gelegentlich froh sein, wenn überhaupt irgendeine Art von Return gelingt. Dazu sollte man in der Ausgangsstellung die Knie beugen, den Schläger vorne, das Auge auf den Ball gerichtet haben, konzentriert sein und in dem Augenblick, in dem der Gegner schlägt, auf die Zehenspitzen gehen, bzw. in der in der Ausgangsstellung obligaten Grätschstellung leicht federnd den Aufschlag erwarten. Der Schläger sollte dabei übrigens in der Griffart gehalten werden (Vorhand- oder Rückhandgriff), die beim Umgreifen mehr Schwierigkeiten macht. Unter dieser Voraussetzung hat man eine echte Chance, auch sehr gute Aufschläge mit festem Handgelenk übers Netz zurückzuspielen. Der Slice und vor allem der Chop sind hier oft gute Möglichkeiten, den Ball zurückzugeben, weil es sich dabei um Schläge handelt, bei denen blitzschnell und verkürzt ausgeholt werden kann. Da genügt manchmal eine geschickte Körperdrehung, der Schläger kommt hinter den Ball und kann so übers Netz »zurückgeschoben« werden.
Erst wenn mehr Zeit zum Schlag zur Verfügung steht, kann man überlegen, wie oder wohin der Rückschlag gesetzt werden soll. Während der Vorhand-Return spät, ja sogar zu spät getroffen noch zurückgespielt werden kann, ist dies beim Rückhand-Return kaum möglich. Dieser muß vor dem Körper, zumindest in seitlicher Oberkörperstellung geschlagen werden (Beine zur Not frontal), was schnell-

stes Reagieren erfordert. Mit anderen Worten: Zum guten Rückhand-Return hat man weniger Zeit.
Um Zeit zu gewinnen, empfiehlt es sich, z. B. den besonders schnellen Aufschlag des Gegners 50 cm oder 1 m oder noch weiter hinten als gewöhnlich anzunehmen.
Sie sollten das einmal ausprobieren, denn wieweit Sie aufrücken bzw. zurückgehen sollten, hängt auch von Ihrer Reichweite, Reaktion und Gewandtheit und natürlich dem Aufschlag des Gegners ab. Vergessen Sie bei aller Vorsicht aber nicht, nach einem Fehler des Gegners zum Return des zweiten Aufschlags wieder aufzurücken. Die Chance einen guten, aggressiven Rückschlag anzubringen, sollten Sie sich nicht entgehen lassen. Auch hier sind alle Schlagarten möglich. Es empfiehlt sich natürlich den Ball einzusetzen, zu dem man am meisten Vertrauen hat – wenn der Gegner es erlaubt.
Also Vorsicht – zu einem voll durchgezogenen Return benötigt man Zeit. Ist sie nicht vorhanden – einen Gang zurückschalten. **Der Chop übers Netz ist besser als der riskante Schlag ins Netz.**

Schlagkombinationen

Aufschlag – erster Volley bzw. Schmetterball

Natürlich verändert sich die Technik der einzelnen Schläge nicht, wenn diese hintereinander ausgeführt werden. Trotzdem ist weder der Aufschlag, der Flugball noch der Schmetterball innerhalb dieser Schlagkombination identisch mit den jeweils getrennt durchgeführten Schlägen, denn die Situation, unter der sie ausgeführt werden, ist eine vollkommen andere: der Aufschlag wird gleichzeitig als Start zum Nach-vorne-Laufen genützt, der Flugball und Schmetterball während des Laufens gespielt. Und gerade dieser erste Flugball – im Lauf gespielt – gehört zu den schwierigsten Schlägen des Tennis überhaupt.
Wenn man mit dem Aufschlag ans Netz gehen will, wirft man den Ball etwas weiter nach vorne. Dadurch wird der eigentlich aus Balance-Gründen gemachte Schritt des rechten Fußes zum Startschritt ans Netz. Würde dieser Ball herunterfallen, so sollte er zwischen 50 und 100 cm vor der Grundlinie auf den Boden kommen.
Nach dem Aufschlag also so schnell als möglich nach vorne starten! Dabei den rechten Fuß bewußt nach vorne setzen: Der Oberkörper kommt in Vorlage, wodurch man gut starten kann. Die Laufrichtung ist gleich der Ballrichtung. In dem Augenblick, in dem der Gegner den Aufschlag zurückschlägt,

1
Spieler bleibt an der Grundlinie.

2

nimmt man die sogenannte **Drehscheibenposition** ein. Das geschieht mit einem kleinen Ansprung, bei dem die Beine leicht gespreizt und die Knie gebeugt werden. Aus dieser Position, die nur sehr kurze Zeit eingenommen wird, startet man nach links oder rechts – meist mit einem energischen Sprung –, um so mit einem guten Flugball den Return des Gegners abzufangen.
Der ideale Punkt auf dem Platz für die Drehscheibenposition ist individuell verschieden. Er liegt normalerweise auf Höhe der Aufschlagslinie. Die Lage des Punktes hängt aber weitgehend vom Tempo des Aufschlages (wenn man langsam aufschlägt, kann

Spieler geht mit ans Netz.

1 

 2

1 Aufschlag mit Startschritt zum Netz.

2 Start nach vorne.

man weiter nach vorne aufrücken, als nach einem schnellen Service), der Schnelligkeit des Aufschlagenden und der Geschwindigkeit des Returns ab. Je weiter vorne die Drehscheibenposition eingenommen wird, um so besser. Der **erste Volley** ist kein leichter Schlag! Er erfordert gute Beobachtung des Gegners, genaues Ballansehen und Entschlossenheit in der Ausführung. Wenn diese drei Bedingungen zusammen mit einem festen Handgelenk erfüllt sind, sollte er auch gelingen. Wenn der erste Volley, der

5 Spieler geht in Drehscheibenposition.

6 Sprung aus der »Drehscheibe« zum Ball.

3 Lauf in Aufschlagrichtung.

4 Beobachtung der gegnerischen Aktion.

meist als Vorbereitungsschlag für einen zweiten Flugball gedacht ist, gespielt ist, sollte man entsprechend der Situation aufrücken, um mit dem anschließenden Flugball zum Punktgewinn zu kommen.
Wenn jedoch der Gegner keinen Passierball spielt, sondern einen Lob, heißt es, in der Drehscheibenposition zu stoppen, seitlich zu drehen, wobei der rechte Fuß zurückgenommen wird, linken Arm und Schläger hochzureißen und blitzschnell mit möglichst kleinen Schritten in Stellung unter den Lob zu

7 Der Augenblick vor dem Flugball.

8 Vorhand-Flugball im Sprung.

1 Ansatz zum Rückhand-Slice-Angriffsball.

2 Zeitgleich: Rückhand und Tangoschritt.

gehen. Nach dem Smash sofort wieder aufrücken, um einen weiteren Lob oder Passierball abzufangen!

Angriffsball – erster Volley bzw. Schmetterball

Eine andere Möglichkeit ans Netz zu kommen, ist die mit einem Angriffsball aus dem Mittelfeld vorzurücken. Technisch gesehen ist dieser Angriffs-

5 Beobachten der gegnerischen Aktion.

6 Spieler geht in die Drehscheibenposition.

3 Ausschwingen des Schlagarmes.

4 Lauf zur idealen Position (abdecken).

ball ein Slice, ein gerader Schlag oder ein Topspin, so wie sie an der Grundlinie gespielt werden. Ein Unterschied besteht allerdings, und das macht diesen Schlag verhältnismäßig schwierig: Man muß den Angriffsball stets in vollem Lauf schlagen. Es bleibt auch gar nichts anderes übrig, denn man muß versuchen, möglichst schnell nach vorne zu kommen. Jeder Schritt näher zum Netz entscheidet über eine gute oder bessere Flugballposition. Man sollte also für den Angriffsball die Schlagart einsetzen, die man am

7 Sprung aus der »Drehscheibe« zum Ball.

8 Rückhand-Cross-Flugball.

4

3

besten beherrscht. Normalerweise ist das auf Rückhand der Slice, auf Vorhand der Topspin oder gerade Schlag.
Achten Sie darauf, daß Sie sich mit kleinen, schnellen Schritten dem Ball nähern, wenn Sie nach vorne laufen. Machen Sie, wenn notwendig und möglich, Zwischenschritte, damit Sie ihren geraden oder Topspin-Vorhand- bzw. Rückhandschlag druckvoll in die Ecke des Gegners spielen können.
Wichtig ist beim Angriffsball auf Rückhand, daß die Körperquerachse, wie vom Slice-Grundlinienschlag her bekannt, während der Ausführung des Schlages parallel zur Schlagrichtung ausgerichtet bleibt. Dies erreicht man

8

7

2

1

Laufrichtung

mit dem sogenannten **Tangoschritt**, einer Schrittkombination, die die seitliche Stellung trotz des Nach-vorne-Laufens ermöglicht. Die Schrittfolge wird in der Bildserie auf dieser Doppelseite gezeigt.
Zum Ausholen unmittelbar vor der Schlagbewegung muß die Schulterachse parallel zur Schlagrichtung gedreht werden (3). Der rechte Fuß ist dann seitlich vorgesetzt, die rechte Schulter zeigt zum Netz (Bild 4, Seite 66). Als nächstes wird der linke Fuß nicht wieder links neben den rechten, sondern – immer noch in voller Seitstellung – **hinter** den rechten (vom Spieler aus gesehen) gezogen (5). Die seitliche Vorlage, in der sich der in

Laufrichtung

6

5

vollem Lauf befindliche Spieler bewegt, fordert diesen Kreuzschritt aus Balancegründen geradezu heraus (4–6).
Synchron dazu (mit dem Schritt des linken Beines also) führt der rechte Arm die Schlagbewegung durch, d. h. also: rechter Arm und linkes Bein bewegen sich gleichzeitig in gleiche Richtung (Schlagrichtung) (5); siehe auch Bild 2 S. 64. Unmittelbar nach dem Treffpunkt wird das rechte Bein weiter vorgesetzt (6). Von hier aus versucht man möglichst schnell die ideale Volleyposition bzw. die Drehscheibenposition zu erreichen (7,8).
Von dort kann man dann den Flug- oder Schmetterball optimal schlagen und danach den Platz gegen einen weiteren Rückschlag des Gegners abdecken.

Manche Spitzenspieler schlagen diesen Rückhand-Slice auch ohne den beschriebenen Tangoschritt. Dazu ist besonders viel Geschick und Körperbeherrschung notwendig und somit nicht unbedingt empfehlenswert.
Natürlich kann man auch den Slice mit der Vorhand als Angriffsball spielen; der Vorhand-Slice wird entsprechend dem Rückhand-Slice ausgeführt. Ebenso ist ein Angriff mit dem Rückhand-Topspin möglich. Letzterer wird jedoch äußerst selten verwendet, da aus technischen Gründen ein Rückhand-Topspin aus vollem Lauf auch mit Tangoschritt nur mit großem Risiko gespielt werden kann. Und da der Angriffsball das Netzspiel vorbereitet, soll das nur mit einem verhältnismäßig sicheren Schlag geschehen.

Der Spieler rückt nach vorne in Richtung Netz auf. ▷

Einsatz der Taktik

Unter dem Einsatz der Taktik in speziellen Situationen soll verstanden werden, daß bestimmte Spielmöglichkeiten, Schlagpositionen, -richtungen usw. in besonderen, immer wiederkehrenden Spielsituationen taktisch eingesetzt werden können.
Unter Anwendung der Technik soll versucht werden, gestellte Aufgaben taktisch zu lösen, wobei vorausgesetzt wird, daß der Spieler die Technik aller an der Grundlinie und am Netz durchführbaren Schläge kennt bzw. beherrscht.

Grundlinienspiel

Das Grundlinienspiel ist auf unseren Sandplätzen dominierend. Dadurch kommt dem Grundlinienschlag eine besondere Bedeutung bei, die sich auch auf seine taktische Anwendung bezieht.

Der »sichere« Grundlinienschlag

Es gibt eine ganze Reihe von Situationen, bei denen es taktisch richtig ist, den Ball sicher zurückzuspielen, z. B.:

- Wenn der Gegner die Bälle weit in die Ecken setzt,
- wenn der Gegner die Bälle lang an die Grundlinie spielt,
- wenn das Schlagtempo des Gegners höher als das eigene ist,
- wenn der ungeduldige Gegner zu riskanten Schlägen verführt werden soll.

Das Ziel, das mit dem sicheren Grundlinienschlag erreicht werden soll, ist also:

- den Gegner hinten zu halten,
- selbst wenig Fehler zu machen,
- den Gegner eventuell zu Fehlern zu verleiten.

Schlagrichtung

Die sichere Schlagrichtung ist **cross**:

- weil das Netz in der Mitte niedriger ist,
- weil die Diagonale eines Tennisplatzes länger ist als die Seitenlinie, also länger gespielt werden kann,
- weil der Sicherheitsspielraum nach beiden Seiten nahezu gleich groß ist (beim Longline nur zur Platzmitte hin!),
- weil man den Rückschlag gegen den Cross besser abdekken kann.

Den letzten Punkt erläutert die Grafik S. 71 links. Daraus kann man entnehmen, daß der Weg von G, wo der Ball geschlagen wurde, zu B – optimale Position nach Cross-Ball – bedeutend kürzer ist als zu A – optimale Position nach Longline-Ball –. (A und B liegen jeweils auf der Winkelhalbierenden der bestmöglichen Rückschläge des Gegners von C bzw. L.)

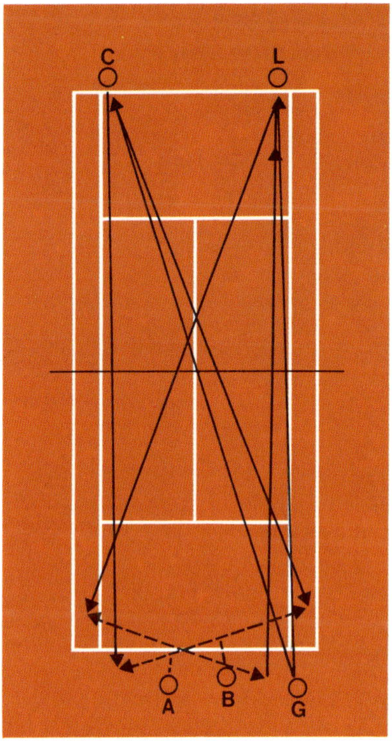

Ideale Positionen zum Platzabdecken nach Cross- (B) und Longline- (A) Schlägen.

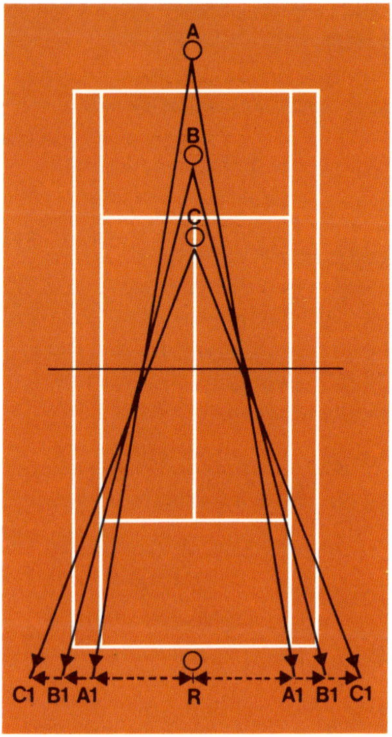

Zusammenhang zwischen Schlaglänge und evtl. Laufwegen. Zeichenerklärung siehe S. 58.

Schlaglänge

Mit der Schlaglänge unmittelbar verbunden sind auch Schlagtempo und Schlaghöhe. Um den Ball sicher übers Netz zu bringen, sollte der Sicherheitsabstand in der Höhe wenigstens 1 m betragen. Da gleichzeitig versucht werden soll, den Gegner hinten zu halten, muß der Ball lang sein (»Lang« ist ein Ball dann, wenn der Gegner gezwungen ist, hinter die Grundlinie zu gehen, um ihn zurückzuschlagen.) Das erreicht man entweder durch größeres Schlagtempo oder durch höhere Flugbahn des Balles. Letzteres ist auch der Grund dafür, daß der Lob zu den sicheren Grundschlägen gehört und deshalb nicht nur als Antwort auf einen Netzangriff eine Berechtigung hat.

Die geeignete Höhe- und Tempokombination (abhängig auch von der Schlagart) findet man am besten im Training. Der sichere lange Ball soll jedoch nicht näher als 1 m an die Grundlinie heran (Risiko des Ausspielens), muß aber wenigstens 1 m länger als die Aufschlaglinie sein. Das ist besonders wichtig, wie aus der Grafik (S. 71 rechts) zu entnehmen ist. Denn nicht nur der Schlagwinkel vergrößert sich mit der geringeren Netzentfernung, sondern auch die Distanz, die von der Mitte des Platzes links oder rechts an der Grundlinie gelaufen werden muß. Aus ursprünglich drei bis vier Schritten von R nach A 1 (Ball des Gegners von A), werden fünf und mehr Schritte von R nach B 1 oder C 1 aufgrund von Schlägen von B bzw. C.

Wichtig: Langsam und länger gespielt ist **grundsätzlich sicherer** als kürzer und schneller.

Schlagart

Theoretisch ist jede Schlagart gleich sicher unter der Voraussetzung, daß sie beherrscht wird. Nachdem aber jeder, auch der Beste, gute und weniger gute Schläge besitzt, sollte man für den »sicheren« Grundlinienball die Schlagart wählen, die einem am meisten liegt. Wenn es sein muß, kann man auch stur immer den gleichen Ball spielen, denn man will ja das Match und nicht einen Preis für schönes Spiel gewinnen.

Häufige taktische Fehler beim Spiel auf Sicherheit

- Zu hohes Schlagtempo.
- Zu flach gehaltene Bälle.
- Zu variantenreiches Spiel.
- Zu häufige Schlagrichtungsänderung (siehe dazu S. 74).
- Zu wenig Geduld.

Der »aggressive« Grundlinienschlag

Es gibt eine ganze Reihe von Situationen, in denen es taktisch günstig ist, den Ball aggressiv zurückzuspielen, d. h. ein bestimmtes Risiko bewußt in Kauf zu nehmen, z. B.:

- wenn der Gegner zu kurz spielt,
- wenn der Gegner auf Rückhand oder Vorhand ausgesprochen schwach ist,
- wenn der Spielstand (z. B. 40:0) Risiko verträgt,
- wenn sich Gelegenheit bietet, die eventuell schwächere Rückhand zu umlaufen,
- wenn der Gegner langsam ist.

Das Ziel, das mit dem aggressiven Grundlinienschlag erreicht werden soll, ist also:

- den Gegner auszuplazieren,
- den Gegner durch schnelles Spiel zu Fehlern zu verleiten,
- den Gegner auf seiner schwachen Seite anzugreifen,
- direkte Punkte zu machen.

Der Spieler umläuft die Rückhand, um einen agressiven Schlag mit der Vorhand anzubringen. ▷

Schema eines Angriffs mit Vorhand aus der Rückhandecke.

Schlagrichtung

Eine bestimmte Schlagrichtung kann nicht empfohlen werden. Man spielt entweder in die ungedeckte Ecke, auf die Schwäche oder gegen die Balance (falscher Fuß) des Gegners. Das kann als Cross- oder Longline-Ball geschehen.

Zu den aggressiven Schlägen zählt insbesondere auch der Vorhandschlag aus der Rückhandecke.

Beim Einsatz dieses Vorhandschlages empfiehlt sich ein Schlagschema besonders.

Der Gegner soll dabei mit immer kürzer werdenden Schlägen auf die Punkte 1, 2, 3 (siehe Grafik) aus dem Feld getrieben werden, um mit dem Schlag nach 4 der Linie entlang zum Punktgewinn zu kommen.

Man muß aber damit rechnen, daß der stark unter Druck stehende Gegner den zweiten oder dritten Ball entlang der Linie – also auf die Vorhand – zurückgibt. In diesem Fall folgt ein aggressiver Cross, ebenfalls nach Punkt 4. Dieser Schlag dürfte den Ballwechsel noch schneller und dazu sicherer beenden.

Richtungsändernde aggressive Schläge, – d. h. Schläge, bei denen der Ball in eine andere Richtung geschlagen wird, als die, aus der er kommt, – können sehr erfolgreich sein. Dazu sollte aber grundsätzlich folgendes bedacht werden: Der Cross-Ball des Gegners ist leichter cross zurückzuspielen als longline. Analog dazu ist es schwieriger, den Longline als Cross zurückzugeben als entlang der Linie.

Richtungsändernde Schläge verlangen volle Konzentration: Sie müssen besonders sorgfältig anvisiert werden. Zunächst ist es günstiger Cross- auf Longline-Ball zu üben, dann erst den Longline- auf den Cross-Ball.

Aber Vorsicht bei der Richtungsänderung von Cross auf Longline: Zu leicht landen hastige Versuche im Seitenaus. 50 cm von der Linie weg zur Platzmitte hin sollte das Ziel sein. Das genügt zum erfolgreichen Schlag.

Deshalb im Ernstfall die oben beschriebene und in der Grafik erläuterte Schlagkombination nur, wenn genügend Zeit zur Verfügung steht!

Schlaglänge
Mit der Schlaglänge unmittelbar verbunden sind Schlaghöhe und Schlagtempo. Natürlich ist der lange und schnelle Ball stets erstklassig. Aber auch der kurze, nach außen gespielte Cross ist unter Umständen nicht weniger erfolgreich. Selbst ein flach gehaltener Slice ins Mittelfeld gesetzt, kann sehr wirkungsvoll sein, z. B. gegen einen Topspin-Experten oder einen ungelenkigen, großen Spieler. Umgekehrt kann der hoch übers Netz fliegende, in der Nähe der Grundlinie aufspringende, stark angeschnittene Topspin genau der richtige Ball sein, einen körperlich kleineren Spieler zur Verzweiflung zu bringen.

Schlagart
Zunächst ist festzustellen, daß natürlich keine Schlagart an sich aggressiv ist, sondern der Spieler sie aggressiv einsetzt. Ein Slice kann genauso energisch und schnell – wenn auch etwas riskanter – gespielt werden, wie ein Topspin oder gerader Schlag. Am günstigsten ist es jedoch, den Schlag einzusetzen, den man am besten beherrscht. Das bringt den größten Erfolg.

Wichtig: Taktisch gesehen müssen die Schlaghöhe, Schlaglänge, Schlagtempo und Schlagart den jeweiligen Anforderungen angepaßt werden. Diejenige Länge, Höhe, Schlagart oder Geschwindigkeit ist richtig, die aus der jeweiligen Matchsituation heraus am erfolgversprechendsten erscheint. Das gilt für aggressive **und** sichere Schläge.
Trotz aller Begeisterung für die aggressiven Grundlinienschläge soll man aber nicht vergessen, gelegentlich nach einem gut gelungenen Treibschlag aufzurücken, also ran ans Netz zu gehen, um mit einem dann meist leichteren Flugball den Punkt zu gewinnen.

Häufige taktische Fehler beim aggressiven Spiel
- Zu aggressives Spiel, d. h. unkontrollierte Temposteigerung.
- Ungeduldiges Spiel, d. h. zu schnell auf Punktgewinn aus.
- Zu hastiges Spiel, d. h. große Schritte, schlechte Schlagposition, hastige Schlagausführung.
- Falsches Einschätzen der Situation, z. B. zu extremes Herumlaufen um die Rückhand – ein zu großer Teil des eigenen Feldes wird ungedeckt.
- Zu nahe an die Linien spielen – hohe Fehlerquote.

Der Passierball

Wenn der Gegner ans Netz vorgerückt ist, soll man versuchen, ihn zu passieren (die andere Möglichkeit zu überlobben wird später behandelt). Der taktische Einsatz des Passierballs beschränkt sich nicht darauf, den Ball möglichst unerreichbar am Gegner

Passierball aus der Bedrängnis: meist nur Longline auf die Rückhandseite des Gegners möglich.

Passierball aus der Bedrängnis

Wenn man vom Gegner ganz aus dem Platz getrieben wurde, man also nur mit äußerster Mühe an den Ball herankommt, dann bleibt als Passierball fast nur ein Longline von außen nach innen auf die Rückhandseite des Gegners (siehe Grafik). Das Risiko ist sowohl beim Zielpunkt 1 als auch beim Punkt 2 groß. Der Ball sollte als Topspin oder gerader Schlag gespielt werden.

Es muß allerdings dazu gesagt werden, daß in dieser Situation ein Lob eher angezeigt ist.

vorbeizuschießen. Man sollte also versuchen:

- den Gegner auf seine schwächere Flugballseite anzuspielen,
- den Gegner dazu zu zwingen, von unten nach oben zu vollieren,
- den Gegner zu einem Flugballfehler zu zwingen,
- den Passierball zum Punktgewinn direkt vorbeizuschlagen.

»Normaler« Passierball

Wenn der Angriffsball des Gegners nicht optimal geglückt ist, hat man ne reelle Chance den Punkt zu gewinnen.

Während bei Grundlinienduellen der Ball höher übers Netz gespielt wird, sollte der Passierball unbedingt flach sein, bzw. sich nach dem Netz senken, weil

- es technisch schwieriger ist, von unten nach oben zu vollieren (tiefer Flugball) als umgekehrt,
- das Netz auf den jeweiligen Flugball bezogen einmal niederer (hoher Flugball) und einmal höher ist (tiefer Flugball).

Anders: einen hohen Passierball braucht man »nur« von oben herab ins Feld zu schlagen, was man mit aller zur Verfügung stehenden Kraft

Stefan Edberg versucht aus der Bedrängnis einen Passierschlag an der Linie entlang. ▷

Bogner

tun kann. Ein tiefer Passierball dagegen muß zuerst das Hindernis Netz überwinden.
Der beste Passierball ist der kurze Cross. Da er aber unter Druck sehr schwer zu schlagen ist – er bleibt sehr leicht an der Netzkante hängen oder geht seitlich aus – sollte man ihn nur spielen, wenn man ihn technisch beherrscht und sich in guter Schlagposition wähnt. Sonst sollte man einen normalen Cross-Ball schlagen oder den Longline vorziehen. Dazu folgende Faustregeln:
Je weiter der Gegner vom Netz entfernt den Passierball erwartet, z. B. in Höhe der Aufschlaglinie, desto eher sollte man cross spielen. Je näher er am Netz steht, desto erfolgversprechender wird der Longline sein. Zeigt sich jedoch, daß der Gegner einen schlechten Vor- oder Rückhand-Flugball hat, sollten die Passierschläge fast grundsätzlich nur auf die schwache Flugballseite gerichtet werden.
Von der Schlagart her eignen sich Topspin und gerader Schlag zum aggressiven Passieren am besten, da sich diese nach Überqueren des Netzes eher senken.
Schlagen Sie hart und kompromißlos, wenn Sie die Chance dazu haben (Topspin, gerader Schlag)! Allerdings ist ein bewußt weich gespielter Ball (Slice), der vor die Füße des Gegners gespielt ist, besser als ein im Netz oder Aus landender »Superball«.
Im Training soll erprobt werden, was einem besser liegt. Im Ernstfall sollte dann nur der Schlag eingesetzt werden, der beherrscht wird.

Merke: Es werden nachweislich mehr Punkte durch Flugballfehler des Gegners gewonnen als durch erfolgreiche Passierbälle.
Die Aggressivität des Passierens sollte sich also in Grenzen halten. Im Zweifelsfall sollte man den Gegner eher zum (schwierigen) Flugball zwingen.

»Leichter« Passierball

Da sehr oft weder der erste Flugball noch der erste Passierball-Versuch Erfolg haben, kommt es im Spielverlauf häufig zum zweiten Passierball. Wenn nun der erste Versuch gut gespielt war, ist zu erwarten, daß der nächste Passierball aufgrund des schlechten Flugballs des Gegners einfach erscheint. Aber Vorsicht! Es gibt keine leichten Schläge. Auf diesen sogenannten einfachen Passierball muß man sich besonders konzentrieren. Optimal in Stellung gehen, den Ball genau ansehen – und nicht den Gegner! Dann zieht man ruhig durch in die Richtung – cross oder longline –, in die es sich nach der Situation anbietet. Auf keinen Fall mehr ein Risiko eingehen. Selbst wenn der Gegner den Ball noch erreichen sollte, wird mit dem dritten Passierball der Punkt dann endgültig gewonnen werden.

Häufige taktische Fehler beim Passierball

- Zu sehr auf direkten Punktgewinn aus.
- Zu hohe Passierbälle.
- Nicht die schwache Flugballseite des Gegners angespielt.

Der Lob

Der Lob darf in keinem taktischen Schlagrepertoire fehlen. Er ist unersetzlich, denn er verschafft Zeit, um aus einer ungünstigen Schlagposition wieder zur Grundlinienposition zurückzukommen.
Das Ziel muß also sein,

- daß der Lob hoch gespielt wird – je senkrechter er fällt, desto schwieriger ist er zu schmettern,
- daß der Lob lang gespielt wird; es ist besser, wenn er einmal um Zentimeter ausgeht, als daß er ständig zu kurz ist; denn es ist sehr deprimierend, wenn einem immer wieder zu kurz geratene Lobs »um die Ohren fliegen«,
- daß er Lob häufig gespielt wird; egal wie gut die Lobs geschlagen werden, man darf nicht vergessen, diese Bälle in das Grundlinienspiel einzubauen, als Variation, als Rhythmusbrecher und selbstverständlich, um den nach vorne aufgerückten Flugballspieler wieder zur Grundlinie zurückzuschicken.

Letzteres gilt insbesondere, wenn man von einem ans Netz aufgerückten Gegner ganz aus dem Platz getrieben wurde und zum Passierball nur noch eine theoretische Chance hat. In diesem Fall ist der Lob ein Muß (siehe S. 76).
In der Regel spielt man den Lob cross. Wie der Grundlinienschlag ist auch der Cross-Lob sicherer als der longline geschlagene.
Ausschlaggebend für die Ausführungsart (gerade, Topspin, Slice) ist neben taktischen Gesichtspunkten natürlich die Schlagsicherheit. Der Ball ohne Drall fliegt bei gleichem Schwung bzw. Kraftaufwand am höchsten. Der Slice-Lob ist der am sichersten auszuführende, während der gekonnte Topspin-Lob ohne Zweifel am wirkungsvollsten ist. Trotzdem sollte man den letzteren erst dann einsetzen, wenn er technisch wirklich beherrscht wird. Der Topspin-Lob ist doch sehr riskant.
Äußere Umstände, wie Sonne und Wind, sollten bei der Entscheidung zum Lob mit einbezogen werden. Der in die Sonne blickende Netzspieler wird den Lob verwünschen. Auch bei starkem Wind ist es sehr schwer, gut zu schmettern. Allerdings muß man da beachten, woher der Wind kommt, um den eigenen Ball in die entsprechende Richtung zu schlagen, sonst kann der Lob im wahrsten Sinne des Wortes vom Winde verweht werden.

Der Stoppball

Der Stoppball kann, vor allem auf langsamen Sandplätzen, ein sehr wirkungsvoller Ball sein.
Mit dem Stoppball will der Spieler folgendes erreichen:

- einen direkten Punkt gewinnen, den Rhythmus des Gegners brechen,
- den Gegner ans Netz holen (Flugballschwäche),
- den konditionsschwachen Gegner durch ständiges Wiederholen dieses Schlages ermüden.

Um die vorgenannten Ziele zu erreichen, muß der Stop verdeckt, d. h. nicht ohne weiteres als Stop erkenntlich, geschlagen werden und er muß kurz gespielt werden.

Verdeckt schlagen: Der Ansatz, d. h. die Ausholbewegung, zum Stop darf unter keinen Umständen den geplanten Schlag signalisieren. Aus diesem Grund sollte der Stop nur von der Seite gespielt werden (Vor- oder Rückhand), von der der Slice am besten beherrscht wird, denn Stop und Slice sind in der Anfangsphase fast identisch. Verrät man die Absicht z. B. durch eine besonders hohe Ausholbewegung, wird der aufmerksame Gegner keine Probleme haben, den Stop unschädlich zu machen.

Kurz spielen: Je senkrechter der Stop auf der gegnerischen Seite am Netz herunterfällt, desto kürzer springt er weg. Der Stoppball kann daher ruhig etwas höher gespielt werden, damit der Ball senkrechter herunterkommt. Der Gegner hat zwar so etwas mehr Zeit, ihn zu erreichen (der Ball ist länger in der Luft), er muß jedoch auch zwei, drei Schritte weiter nach vorne laufen. Außerdem muß er bei besonders nahe am Netz aufspringenden Bällen aufpassen, daß er das Netz nicht berührt, was ihm auch dann den Punktverlust einbrächte, wenn er den Stop unerreichbar weggesetzt hätte. Auch ein sehr guter Stop garantiert nicht den Punktgewinn. Deshalb muß der Platz gegen den möglichen Rückschlag optimal abgedeckt werden.

Taktisch richtiges Abdecken des Platzes nach dem Stop

Wenn der Gegner den Stop erreicht, wird er den Ball entweder lang zur Grundlinie oder kurz als Gegenstop zurückzugeben versuchen.
Wenn er Mühe hat, den Stop zu erlaufen, ist eher mit einem langen Ball zu rechnen; hat er genug Zeit, wird er möglicherweise den technisch schwierigeren Gegenstop spielen.
Nach einem Stop von der Grundlinie soll man etwa 1 m vor der Grundlinie auf die Antwort des Gegners warten. Von dort aus kann man den Gegenstop noch erreichen, aber auch den langen Schlag zur Grundlinie abfangen.
Nach dem Stop aus dem Mittelfeld soll man ans Netz vorrücken und zwar noch näher als nach einem Angriffsball, genau in Richtung des Stoppballs. Die Winkelverhältnisse zum Abdecken des Platzes gegen den Rückschlag des Gegners sind am günstigsten, wenn man gewissermaßen dem Kontrahenten am Netz genau gegenübersteht. Vorsicht! Mit einem Lob rechnen.

Taktisch richtiges Spiel gegen den Stop

Wenn der Gegner gerne Stop spielt, muß man auf der Hut sein. Nicht lange überlegen, bevor man startet! Der Bruchteil einer Sekunde, ein kleiner Schritt entscheidet oft darüber, ob man den Stoppball noch erreicht.
Im Lauf wird der Schläger mit ausgestrecktem Arm nach vorne gehalten, vor allem dann, wenn man merkt, daß

man nur ganz knapp an den Ball kommen wird.
Den Ball, den man vielleicht nur mit dem äußersten Ende der Schlägerfläche erreicht, genau ansehen! Dabei aber möglichst vor dem Ballkontakt den Gegner beobachten! Erwartet dieser den Ball hinter der Grundlinie, soll man versuchen, einen Gegenstop zu spielen. Steht er 1 bis 2 m vor der Grundlinie, wäre ein langer Schlag in eine Grundlinienecke die richtige Antwort. Ist er dem Stop zum Netz gefolgt, wäre ein Passierball oder Lob angebracht.
Welcher Schlag auch immer günstig ist, auf jeden Fall muß man beim Nach-vorne-Stürzen die Eigengeschwindigkeit berücksichtigen. Zu leicht landet sonst der Gegenstop auf der Aufschlaglinie, der lange Ball im Aus.

Zum Netz soll man ohne zu zögern starten.

Netzspiel

Wenn man mit dem Aufschlag oder dem Angriffsball aus dem Mittelfeld ans Netz vorgerückt ist, kann man dort einen Passierball oder Lob des Gegners erwarten. Man wird also zum Flug- oder Schmetterball gezwungen.
Nützen Sie Ihre Chance am Netz, indem Sie alle zur Verfügung stehenden taktischen Möglichkeiten ganz bewußt ausschöpfen!

Der Flugball

Reichweite und Reaktionsvermögen sowie die Netzposition (Entfernung zum Netz und seitliche Distanz von der Außenlinie) sind maßgebend für den Erfolg des Flugballes.
Sprungkraft und Reaktionsvermögen lassen sich selbst durch regelmäßiges Üben nur bedingt verbessern. Die den Fähigkeiten entsprechende bestmögliche Netzposition kann jedoch relativ schnell gefunden werden. Dazu bieten sich das Training unter Mithilfe eines erfahrenen Partners oder die Erkenntnisse an, die man im Match aus Erfolg oder Mißerfolg gewinnt.
Eine Netzentfernung von 3 m ist eine gute Ausgangsposition. Da sich die Schlagwinkel zum erfolgreichen Volley jedoch mit jedem Schritt nach vorne verbessern (siehe Grafik) und Flugbälle weiter vorne leichter (von oben nach unten) als von hinten (von unten nach oben) geschlagen werden können, sollte man unbedingt versuchen, weit vorne am Netz zu vollieren.
Die Grenze liegt aber etwa bei 2 m, denn zu weit vorne ist man ein leichtes Opfer des Lobs.
Ob die ideale Netzposition nun genau auf der Mittelinie liegt, wie auf der Grafik, oder mehr links bzw. rechts, hängt davon ab, wohin der vorhergehende Angriffsball gespielt war. Auf jeden Fall ist die Winkelhalbierende der bestmöglichen Rück-

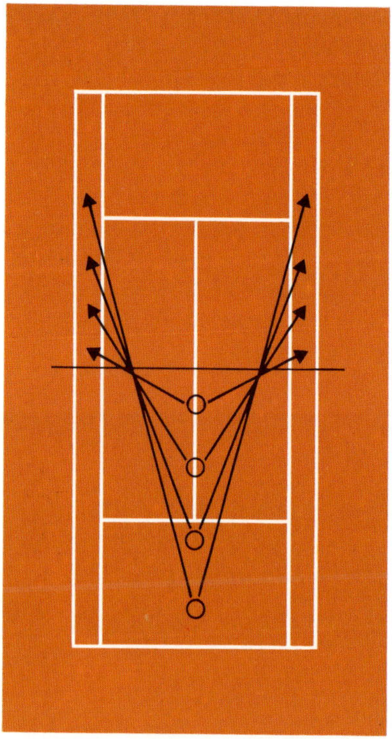

Je näher am Netz desto günstiger die Schlagwinkel.

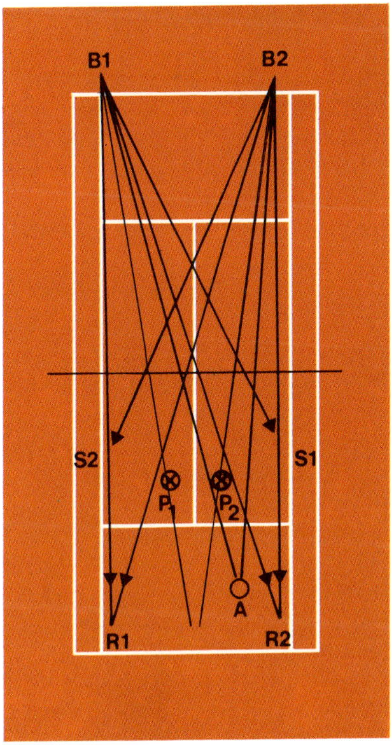

Drehscheibenpositionen (P1) nach Cross- bzw. (P2) Longline-Angriffsball von A aus.

schläge des Gegners maßgebend (siehe Grafik).
P1 und P2 liegen auf der Winkelhalbierenden der bestmöglichen Rückschläge von B1 nach R1 als Longline und als Cross von B1 nach R2 bzw. von B2 nach R2 als Longline und als Cross von B2 nach R1. Der kurze Cross von B1 nach S1 bzw. B2 nach S2, der, ohne den Longline freizugeben, nicht abzudecken ist, wird nicht berücksichtigt.

Denken Sie dabei daran, daß Sie weniger mit dem Cross- als mit dem Longline-Passierball rechnen müssen! Wichtig ist, daß man am Netz immer in Bewegung bleibt. Man reagiert so nicht nur besser, sondern verleitet darüber hinaus den Gegner dazu, dem Ball nicht die notwendige Aufmerksamkeit zu schenken, d. h., der Gegner wird so dazu gezwungen, den sich Bewegenden zu beobachten.
Der Flugball soll lang zur Grundlinie auf die schwache Seite des Gegners gesetzt werden. Wenn es die Situation ergibt – z. B. wenn es gelungen ist, den Kontrahenten mit dem Angriffsball seitlich aus dem Platz zu treiben – kann man natürlich auch in die ungedeckte andere Platzhälfte vollieren.

Generell sollte man sich jedoch an folgende Faustregeln halten:

- Der Flugball in normaler Reichweite auf Höhe der T-Linie soll longline, aber weit an die Grundlinie gespielt werden. Der Rückschlag kann so besser abgedeckt werden.
- Der Flugball auf Höhe der T-Linie, sehr weit außen nahe der Seitenlinie, soll eher cross gesetzt werden. Man hat so mehr Zeit, um in eine günstige Position zum zweiten Flugball zu gelangen. Die optimale Platzabdeckung ist in diesem speziellen Falle zweitrangig.
- Der Flugball sehr nahe am Netz soll kurz und cross weggesetzt werden. Dieser Schlag ist nicht nur technisch einfacher, sondern vor allen Dingen sicherer (siehe auch S. 70).

Da Tennis kein schematisches Spiel ist, ergeben sich oft Situationen, die ein anderes Verhalten als das in den vorne stehenden Faustregeln empfohlene verlangen. Oft ist auch der gegen den Lauf (Balance) des Gegners gespielte Ball sehr erfolgreich. In Trainingsspielen können die verschiedenen Möglichkeiten ausprobiert werden. Strapazieren Sie dabei aber nicht Ihre Technik, d. h. fordern Sie von sich nicht das Unmögliche! Wie beim Grundlinienspiel ist der sichere Ball dem riskanten vorzuziehen.
Vergessen Sie unter keinen Umständen, nach dem ersten Volley aufzurücken, weiter vor ans Netz zu gehen, natürlich in Richtung des ersten Flugballes! Nur dann sind die optimalen Voraussetzungen geschaffen, den Ballwechsel mit Erfolg abzuschließen.

Häufige taktische Fehler beim Flugball

- Der Flugball wird in Nähe der Seitenlinie oder sehr nahe am Netz, longline gespielt.
- In schlechter Position wird ein direkter Punktgewinn versucht.
- Fehlendes Aufrücken nach dem ersten Flugball.
- Der Halbflugball wird dem tiefen Volley vorgezogen.

Der Schmetterball

Hinter der Aufschlaglinie schmettert man lang zur Grundlinie - näher am Netz cross und kurz. Aber grundsätzlich in die Richtung schlagen, die mehr Zielfläche zu bieten scheint, denn Longline-Schmetterbälle sind riskantere Schmetterbälle.
Man muß stets damit rechnen, daß der Schmetterball wieder zurückgespielt wird. Deshalb aufrücken und sofort nach dem Schmettern wieder die bestmögliche Netzposition einnehmen, um für den Passierball oder Lob bereit zu sein. Und vermeiden Sie, wenn es irgend möglich ist, den Ball mit Rückhand zu schmettern! Fast immer kann der aus Bequemlichkeit oder durch zu langes Zögern notwendig gewordene Rückhand-Schmetterball als »richtiger« Schmetterball gespielt werden, wenn man sich nur sofort dazu entschließt.

Häufige taktische Fehler beim Schmetterball

- Longline schmettern von einer Position in der Nähe der Seitenlinie.
- Nicht Aufrücken nach dem Schmetterball.
- Rückhand-Schmetterball, wenn ein Vorhand-Schmetterball gut möglich ist.

Aufschlag

Vielleicht ist der Aufschlag der wichtigste Schlag überhaupt. Auf jeden Fall ist er der einzige Ball, auf den der Gegner keinen direkten Einfluß nehmen kann. Ob er gut oder schlecht ist, hängt ausschließlich vom Spieler selbst ab. Das mag auch der Grund dafür sein, daß er bewußt oder unbewußt das ganze Spiel stark beeinflußt. Klappt der Aufschlag, kann man voller Zuversicht die anderen Schläge ausführen, sich voll auf den taktischen Plan konzentrieren. Funktioniert er nicht, beeinträchtigt der Ärger darüber das ganze Spiel.

Der Einsatz des Aufschlages

Der Aufschlag darf nicht einfach nur übers Netz gespielt werden. Schlagart, Schlagtempo und Schlagrichtung muß man sich bewußt vornehmen und auf die Schlaglänge achten. Dabei spielt natürlich der Aufschlag, der am besten beherrscht wird, die Hauptrolle. Gut 75% sollte aus diesem Aufschlag bestehen, denn von ihm kann die Sicherheit erwartet werden, die einen guten Aufschlag auszeichnet. Der Rest sollte aus den anderen Aufschlägen bestehen, die noch nicht ganz so perfekt sind. Aber wie gesagt: Sicherheit zuerst. Der erste Aufschlag darf deshalb nur dann mit voller Kraft geschlagen werden, wenn man einen sicheren und guten zweiten Aufschlag hat. Ein langer, plazierter, etwas langsamerer erster Aufschlag ist dem riskanten vorzuziehen. Dies gilt natürlich noch vielmehr für den zweiten Aufschlag, der darüber hinaus unbedingt mit absichtlichem Drall gespielt werden sollte.
Die bevorzugte Zielrichtung sollte für beide Aufschläge, aber vor allem für das zweite Service, die Seite mit dem schwächeren Rückschlag des Gegners sein. Im Zweifel ist dies die Rückhand, denn der Return von dort ist aus bekannten technischen Gründen (siehe S. 60) schwieriger als auf der Vorhandseite.
Im Zusammenhang mit der Aufschlagposition und der Wahl der Aufschlagplazierung sind unter anderem zwei Dinge zu berücksichtigen: die genaue Position des Aufschlagenden und die Auswirkung der Flugrichtung des aufgeschlagenen Balles auf dem Return.

Genaue Position des Aufschlägers hinter der Grundlinie

Die richtige Stellung kann das Erreichen eines bestimmten Schlagzieles bedeutend erleichtern. Wenn zum Beispiel auf die Rückhandseite des Gegners aufgeschlagen werden soll, weil dort dessen Schwäche ist, dann soll man beim Aufschlag von rechts sehr nahe am Mittelstrich, beim Aufschlag von links verhältnismäßig weit vom Mittelstrich aufschlagen. Das gleiche trifft auch zu, wenn man einen bestimmten Schlag optimal einsetzen will, z. B. den Slice-Aufschlag von rechts. Er fordert den Gegenspieler mehr, wenn er von weiter außen als normalerweise kommt.

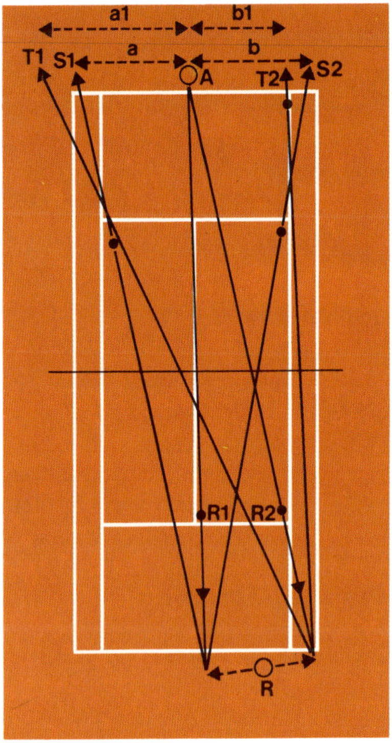

Die Auswirkung der Aufschlagrichtung auf die zu erwartenden Returns.

Auswirkung der Schlagrichtung

Die Richtung des Aufschlages beeinflußt die Richtung des zu erwartenden Return, d. h., der vom Aufschläger abzudeckende Raum variiert. Aus der Grafik kann man folgendes entnehmen:

◁ Konzentration auf den Aufschlag.

Die vom Aufschläger (A) nach dem Service abzudeckende Laufstrecke verändert sich, absolut gesehen kaum, unabhängig davon, ob man nach R1 oder R2 aufschlägt. Die Summe der Strecken a und b bzw. a1 und b1 sind etwa gleich lang. Das Verhältnis zwischen a und a1 bzw. b und b1 hat sich jedoch deutlich verschoben. Während beim Service auf R1 der Aufschläger zur Vorhand oder Rückhand hin gleichviel Raum abzudecken hat, wird mit dem Service nach R2 das mit Vorhand abzudeckende Feld erheblich größer, das zur Rückhand hin kleiner. Das Gleiche gilt natürlich sinngemäß auch beim Aufschlag von links. Das bedeutet:

- Wenn die Vorhand zum Rückschlag auf den gegnerischen Return mehr eingesetzt werden soll, schlägt man von rechts nach außen, von links nach innen auf.
- Will der Aufschläger seine bessere Rückhand mehr einsetzen, handelt er gerade entgegengesetzt.
- Wenn der Platz gleichmäßig abgedeckt werden soll, macht man beim Aufschlag nach außen ein, zwei Schritte in die andere Richtung oder serviert nach innen.

Bei diesen ganzen taktischen Überlegungen muß natürlich auch die Platzoberfläche berücksichtigt werden. Dazu könnte man pauschal sagen: Im Zweifel sollte der erste Aufschlag auf langsamen Plätzen (Sandplätzen) - spielt man den Aufschlag von rechts – vorwiegend nach innen, beim Aufschlag von links vorwiegend nach außen serviert werden.

Auf schnellen Plätzen (Halle) dagegen beim Aufschlag von rechts vorwiegend nach außen, beim Aufschlag von links ebenfalls mehr nach außen. Da man auf schnellem Boden sehr oft mit dem Aufschlag zum Netz folgt, ist auch der ins freie Feld gespielte Flugball, also in die entgegengesetzte Ecke, aus der der Ball kommt, viel wirkungsvoller als auf dem langsamen Platz.
(Siehe dazu auch »Aufschlag zur Mittellinie« S. 92 bzw. »Aufschlag zur Außenseite« S. 93.)

Der gerade Aufschlag

Der gerade Aufschlag ist nur als schneller Schlag wirkungsvoll. Er sollte daher ausschließlich als erster Aufschlag verwendet werden. Langsamer und sicherer ausgeführt, verliert er jegliche Gefährlichkeit und lädt geradezu zum aggressiven Return ein. Als zweiter Aufschlag fällt der gerade Aufschlag damit praktisch aus.
Als erster Aufschlag ist er sowohl nach außen sehr effektiv – er treibt den Gegner aus dem Platz - aber auch nach innen, wo ein As sich leichter verwirklichen läßt. Trotzdem sollte man den graden Aufschlag nicht nur für Aufschläge auf Vor- oder Rückhand verwenden.
Gerade das harte erste Service auf den Körper, das für den Rückschlag besonders schnelles Reagieren erforderlich macht, sollte in seiner Wirkung nicht unterschätzt werden.
Während die in die Ecken gerichteten Aufschläge etwas kürzer sein können, ohne daß sie an Wirkung verlieren, muß das Service auf den Mann dagegen lang sein, da es sonst zu einfach ist, nach links oder rechts auszuweichen, um einen guten Return zu spielen. Man soll aber nicht verzweifeln, wenn man zunächst als Service nur einen langsamen graden Aufschlag hat, d. h. weder Drall noch Tempo kontrollieren kann. Mit Training erreicht man, daß der erste Aufschlagversuch – möglichst auf die schwache Seite des Gegners plaziert – oft gut ist. Damit vermeidet man, daß dieser sich für den zweiten Aufschlag in eine bessere Schlagposition bringen kann.

Der Slice-Aufschlag

Der Slice-Aufschlag wird auf Sandplätzen meist nur als zweiter Aufschlag verwendet. Auf schnellen Böden dagegen (Hartplatz, Teppichboden usw.), die seine Absprungeigenschaften betonen, wird er auch als erstes Service regelmäßig eingesetzt. Dazu wird der Slice schnell gemacht, was eine optimale Kombination von Drall und Geschwindigkeit ergibt. Dies gilt speziell beim Aufschlag von rechts auf die Vorhandseite, der noch mehr als der gerade Aufschlag das gegnerische Feld öffnet. Aber auch hier sollte der Aufschlag auf den Körper nicht vergessen werden, da er sich durch seinen Seitwärtsdrall in den Körper hineindreht und nur schwer zu retournieren ist.

Der Topspin-Aufschlag

Aufgrund seiner Flugbahn – er fliegt höher übers Netz als die beiden anderen Aufschläge – ist er vor allem als sicherer zweiter Aufschlag von unschätzbarem Wert. Speziell auf Sandplätzen, die das hohe Wegspringen des Balles verstärken (Bremseffekt), ist er besonders wirkungsvoll: Er zwingt den Gegner, den Ball sehr hoch zu treffen (technisch sehr schwierig) oder dazu, sehr weit hinter der Grundlinie zu retournieren, was ihn stark in die Defensive drängt. Auf schnellen Plätzen dagegen verliert er ein Großteil seiner Gefährlichkeit, da er dort erheblich flacher abspringt. Generell ist noch zu bemerken, daß es keine lupenreine Aufschläge gibt. Der gerade Aufschlag wird immer etwas Drall haben, zum Vorwärtsdrall kommt Seitendrall usw. Der gute Spieler strebt diese Mischung bewußt an, richtet sich nach den Bodenbeschaffenheiten, so daß er, speziell als zweiten Aufschlag, auf glattem Boden eher einen Slice-Topspin, auf langsamerer Oberfläche dagegen einen Topspin-Slice zu produzieren versucht.

Wichtig: Zum ersten Aufschlag: er muß möglichst oft ins Aufschlagfeld. Das sollte man sogar auf Kosten des Aufschlagtempos mit aller Konzentration versuchen.
Zum zweiten Aufschlag: Er soll möglichst lang sein, muß aber unter allen Umständen ins Aufschlagfeld (sonst ist der Punkt weg).

Häufige taktische Fehler beim Aufschlag

- Zu wenige Varianten der Aufschläge bezogen auf Richtung, Tempo und Schlagart.
- Zu geringe Trefferquote des ersten Aufschlages.
- Der Aufschläger bleibt grundsätzlich an der Grundlinie.

Return

Einsatz des Returns

Die wichtigste Aufgabe des Retournierenden ist es, den Ball ohne Fehler übers Netz zu schlagen. Denn der direkt verpatzte Rückschlag entspricht exakt dem Doppelfehler. Die Hauptvoraussetzungen für gutes Retournieren sind also: äußerste Konzentration und die richtige Ausgangsstellung.
Um die optimale Return-Ausgangsstellung einzunehmen, soll man den Gegner beim Aufschlag sorgfältig beobachten. Das bezieht sich sowohl auf das Hochwerfen des Balles (gerader Aufschlag, Topspin oder Slice) als auch darauf, wohin sich der Gegner zum Service stellt. So kann man, wenn notwendig, seine Return-Ausgangsstellung anpassen. Schlägt er z. B. von weiter links auf, kann man etwas mehr nach rechts rücken, um den vermutlich auf Vorhand gespielten Ball besser abzudecken. Umgekehrt kann man unter Umständen den Gegner dazu »zwingen«, in die Ecke aufzuschlagen (vor allem bei dessen zweitem Aufschlag), die für den Return am günstigsten ist. Dazu sollte man den Teil des Aufschlagfeldes (etwa im Verhältnis zwei Drittel zu einem Drittel) »ungedeckt« lassen, den man angespielt haben möchte, d. h., man stellt sich nicht auf die bekannte Winkelhalbierende (siehe Grafik S. 58), sondern 1 m links oder rechts daneben. Der Gegner wird nun versuchen, trotzdem auf die jetzt sehr eng begrenzte, schwache Seite aufzuschlagen, was selbst dem guten Spieler schwerfällt, d. h. ein Großteil der Aufschläge wird nun bei der stärkeren Returnseite landen.
Achten Sie aber auch auf den ganz bewußt nach außen auf Ihre starke Seite gesetzten Aufschlag. Dahin wird der erfahrene Kontrahent aufschlagen, um Sie wieder zur Mitte in die »normale« Return-Stellung zurückzuholen.

Der defensive Return

Gegen einen sehr guten Aufschlag heißt die Devise: zurück übers Netz, egal wie. Dazu ist ein technisch einwandfreier Schlag oft nicht möglich. Es ist schon ein Erfolg, wenn der Gegner keinen direkten Aufschlagpunkt gewinnt.
Der Ball wird sicher, also nicht zu flach (riskant), zurückgespielt, wenn der Aufschläger an der Grundlinie bleibt.
Der Ball soll kurz auf die Füße des Angreifers gesetzt werden, wenn dieser mit dem Service ans Netz geht.
Die Alternative dazu ist ein Lob. Den Lob soll man auch dann hin und wieder einsetzen, wenn man vom Aufschlag des Gegners aus dem Platz getrieben wurde. Man gewinnt so Zeit, die Grundlinienausgangsstellung wieder einzunehmen.

Der normale Return

Gegen einen »normalen« Aufschlag kann auch ein »normaler« Return gespielt werden.
Ist der Aufschlag auf die Mittellinie gerichtet, ist es gleich, ob der Return auf die Rückhand- oder Vorhandseite zurückgespielt wird: die eigene Platzhälfte ist gegen den nächsten Ball des Gegners ausreichend abgedeckt. Ist der Aufschlag nach außen gerichtet, ist der in die Mitte gezielte Cross der sicherste Return. Der Flugball oder Grundlinienschlag, der vom Aufschläger von dort zurückgespielt werden kann, ist vom Return-Spieler verhältnismäßig leicht abzudecken.
Wirkungsvoller ist sicher der Longline-Return, vor allem, wenn der Gegner ans Netz läuft. Man zwingt diesen, sich bis an die Grenze seiner Reichweite zu strecken und verleitet ihn so zu Fehlern. Dieser Rückschlag ist jedoch auch riskanter, denn nicht gut ausgeführt, ist das Feld offen für den Cross-Flugball. Wenn allerdings der kurze Cross beherrscht wird, sollte er so oft wie möglich eingesetzt werden. Er ist der effektivste Return, vor allem gegen Netzspieler.

Der offensive Return

Den weichen, zu kurzen, oft auch schlecht plazierten zweiten Aufschlag des Gegners sollte man so behandeln wie einen zu kurz geratenen Grundlinienschlag: als Aufforderung zum Angriff, als Möglichkeit Druck zu machen. Zu diesem Return rückt man ein, zwei Schritte auf, stellt sich gut und schlägt den Ball mit Tempo in die Ecke: cross, wenn man hinten bleibt und longline, wenn man dem Ball ans Netz folgt.
Gegen den schwachen Aufschlag soll man, wenn irgend möglich, den starken Schlag, z. B. die Vorhand, einsetzen. Dazu muß man dann eventuell um die Rückhand herumlaufen.
Erstaunlichen Erfolg kann man mit einem eingestreuten Stop-Return haben. Gerade nach einem schwachen zweiten Aufschlag wagt es der Gegenspieler nicht, sofort ans Netz vorzurücken. So wird er einen guten Stoppball kaum erreichen.
Geschwindigkeit, Schlagart und Schlagrichtung müssen, wenn Sie taktisch richtig spielen wollen, variiert werden. Darauf sollten Sie unbedingt achten.

Häufige taktische Fehler beim Return

- Zu kurze Returns.
- Zu riskante Returns.
- Keine Variation.
- Kein Aufrücken zum zweiten Aufschlag.

Schlagkombinationen

Aufschlag – Netzspiel

Folgen Sie nur dann Ihrem Service regelmäßig ans Netz, wenn Sie sehr gut aufschlagen können, wenn Sie schnell sind, gut reagieren und einen überdurchschnittlichen Flugball haben. Wenn man aber vorläuft, sollte man es konsequent tun. Der gute Spieler macht das so schnell er kann, da er weiß, daß er so die besten Chancen hat, einen guten ersten Volley zu spielen. Unter keinen Umständen darf man abwarten, ob der Aufschlag im Aufschlagfeld landet, um dann erst vorzulaufen.
Der Netzangriff muß stets optimal vorbereitet sein. Mit kleinen Schritten folgt man etwa der Flugbahn des Aufschlages (siehe S. 61). Auf dieser Linie kann man die Reichweite am besten zur Geltung bringen und den Platz optimal abdecken (siehe Grafik). Dann nimmt man ungefähr in Aufschlaglinienhöhe die Drehscheibenposition ein, um von da zum Volley oder Schmetterball zu starten.
Auch ohne Spitzenspieler zu sein, soll man in unregelmäßigen Abständen ans Netz stürmen, vor allem, weil der Gegner damit verunsichert wird.

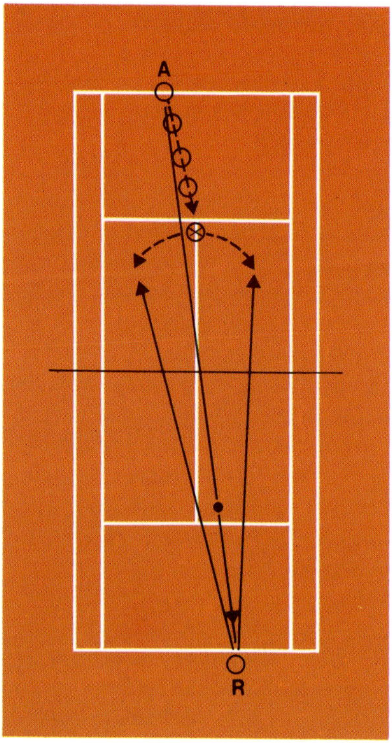

Netzangriff nach dem Aufschlag zur Mittellinie.

Aufschlag zur Mittellinie

Wenn man dem Aufschlag zur Mittellinie ans Netz folgt, hat der Gegner keinen besonders günstigen Winkel für einen direkten Passierschlag. Andererseits sollte man aber auf jeden Fall mit einem sicheren Rückschlag rechnen, da sich der Gegenspieler zum Return kaum strecken muß. Darüber hinaus steht er nach seinem Return in der Platzmitte und damit in der Idealposition zum Abdecken seines Feldes gegen den Flugball. Das bedeutet, daß bei dieser Art Netzangriff (Aufschlag Richtung Mittellinie) der Aufschläger und Retournierende etwa gleich gute Chancen haben. Erst der weitere Spielverlauf wird normalerweise den Punktgewinn bringen.

Aufschlag zur Außenseite
Wenn man dagegen dem Aufschlag nach außen ans Netz folgt, hat der Gegner auf der Longline- und kurzen Cross-Seite günstige Winkel direkt zu passieren. Dafür muß er aber nach außen laufen und sich stark strecken. Darüber hinaus hat er nach dem Return das Feld für den Flugball des Aufschlägers geöffnet. Das bedeutet, daß bei dieser Art von Netzangriff Aufschläger und Retorunierender wiederum theoretisch gleiche Chancen haben – diesmal zum direkten Punktgewinn. Auf Sandplätzen ist dabei der Rückschläger etwas im Vorteil, auf schnellen Plätzen dagegen der Aufschlagende, da auf Sand der Aufschlag leichter zu erreichen, der Volley schwerer zu töten ist.
Wichtig dabei ist, daß jeder Schritt, den der Aufschläger näher ans Netz herankommt, günstig für ihn ist. Dieser Schritt kann dafür verantwortlich sein, daß der Flugball gut oder schlecht gelingt.

Der erste Flugball
Um möglichst früh zu erkennen, was der Gegner vor hat, muß man ihn genau beobachten. Aus seiner Beinstellung, Ausholbewegung und Schlägerhaltung kann man vielleicht schon entnehmen, wohin er zu spielen beabsichtigt. Wenn man dazu noch berücksichtigt, was der Gegner in der entsprechenden Situation normalerweise tut (Erfahrung aus dem laufenden oder vorhergegangenen Spiel), ist man für einen Flug- oder Schmetterball bestens vorbereitet.
Der erste Volley ist zweifellos der wichtigste Flugball. Nur aus einer wirklich guten Schlagposition soll man auf direkten Punktgewinn ausgehen. Normalerweise ist dieser erste Flugball, zu dem man im Nach-vorne-Laufen gezwungen ist, eher ein **Vorbereitungsball**. Mit ihm soll man den Gegner in die Defensive drängen, zu einem schlechten Passierschlag nötigen, der dann, noch weiter zum Netz aufgerückt, mit dem folgenden Flugball endgültig weggesetzt werden kann. Der erste Volley muß deshalb lang zur Grundlinie auf die Schwäche des Gegners gespielt werden, wenn man auf Höhe der Aufschlaglinie volliert. Weiter vorne ist der Cross-Volley zu empfehlen, so wie es auf S. 82 (Netzspiel) beschrieben ist.

Häufige taktische Fehler
- Zu zögerndes Nach-vorne-Laufen.
- Zu schnelles Nach-vorne-Stürzen.
- Zu riskantes Flugballspiel (erster Volley).
- Einsatz des Halbflugballes an Stelle eines möglichen tiefen Volleys.

Wichtig: Versuchen Sie als Nach-vorne-Laufender auch tatsächlich den ersten Flugball zu spielen. Machen Sie nicht den Fehler, verzögert oder zaghaft nach vorne zu laufen. Es ist immer schwieriger, einen guten Halbflugball zu spielen als einen guten Flugball.

OPE

Angriffsball – Netzspiel

Bälle, die im Mittelfeld aufspringen, sind meist schlechte Schläge des Gegners (Ausnahme: der kurze Cross), die man zum Angriff ausnützen soll.
Drei Möglichkeiten gibt es dazu:

- Aggressiver Grundlinienschlag.
- Stoppball.
- Netzangriff.

Entscheidend für das taktisch richtige Verhalten dieses Netzangriffes sind zwei Fragen:

- Wo ist die günstigste Position (Drehscheibenposition) den Platz nach dem Angriffsball optimal abzudecken?
- Wohin soll der Angriffsball gespielt werden?

Daß die Antworten auf diese Fragen eng miteinander verknüpft sind, ist naheliegend.

Die optimale Ausgangsstellung
Natürlich liegt die ideale Drehscheibenposition auf der Winkelhalbierenden der bestmöglichen Rückschläge; das sind der Longline, der Cross, der kurze Cross und der Lob. Wollte man alle vier Schläge gleichermaßen abdecken, müßte man sich etwa auf der Mittellinie postieren, mit dem zweifelhaften Ergebnis, weder den Longline noch den kurzen Cross abfangen zu können (siehe Grafik).
Also: Der für den Gegner schwierigste Rückschlag – der kurze Cross (B_1 – S_1 und B_1 – S_2) – muß kampflos freigegeben werden, um die anderen drei Bälle optimal abdecken zu können.
P1 bzw. P2 sind demnach die Positionen (Drehscheibenposition), die der Nach-vorne-Stürmende einzunehmen bestrebt sein sollte, d. h. normalerweise jeweils die seiner Schlagposition (Angriffsball) am nächsten liegende.

◁ Die Netzposition ist erreicht, der Ball kann kommen.

Drehscheibenposition (P1) nach Cross- bzw. (P2) Longline-Angriffsball von A aus.

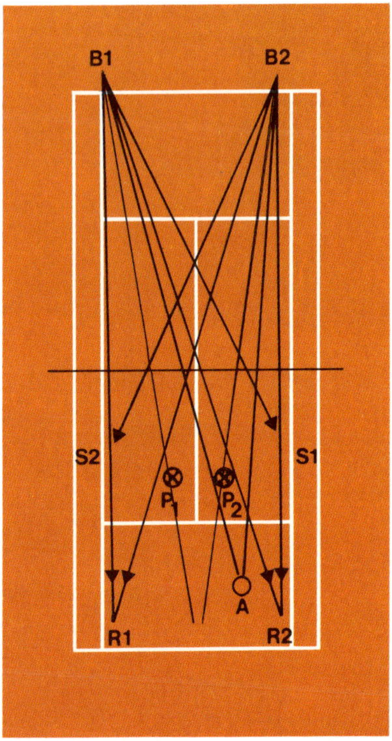

Die optimale Richtung des Angriffsballes

Entsprechend der Stelle, auf der der Ball im Feld aufspringt, soll man wie folgt angreifen (3-Zonen-Theorie siehe Grafik):

Springt der Ball in Zone 1 etwa in Höhe der Aufschlaglinie auf, kann man von T1 aus nach Belieben cross oder longline angreifen, da die Positionen P1 oder P2 etwa gleich gut zu erreichen sind.

Anwendungsbeispiele für die 3-Zonen-Theorie.

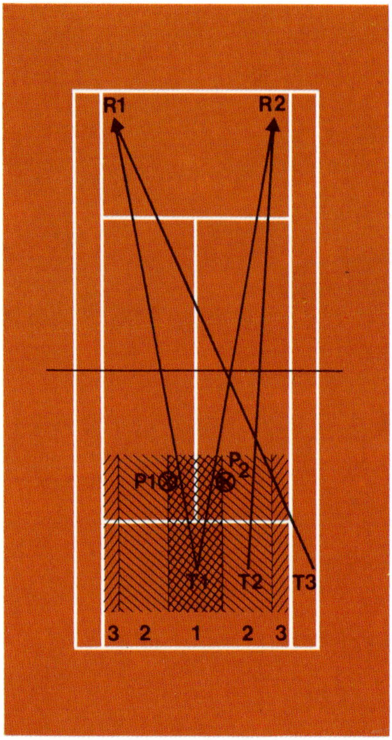

Springt der Ball in Zone 2 auf, so kommt nur der Longline-Angriff in Frage (von T2), da diejenige Position – also P2 – eingenommen werden sollte, die näher liegt, d. h. schneller zu erreichen ist.

Springt der Ball in Zone 3 auf, so kommt, bezogen auf die Entfernung von T3 nach P1 bzw. P2, ebenfalls nur der Longline-Angriff in Frage; dies trifft zu, wenn der Ball longline kommt. Kommt er dagegen cross an, soll dieser an der äußeren Grenze der Reichweite, meist im Doppelfeld gespielte Ball (T3), eher cross zurückgegeben werden.

Um eine gute Chance zum Flugball zu haben, muß man in diesem Fall in erster Linie Zeit gewinnen. Dazu spielt man cross, da der Ball nach R1 länger unterwegs ist als nach R2. Außerdem kommen einem die vom Gegner von R1 zurückgespielten Bälle (nach dem Cross-Angriff) gewissermaßen entgegen, während nach einem Longline-Angriff auf R2 der gefürchtete Longline-Passierball gegen die Laufrichtung, d. h. Balance gespielt werden könnte. Dieser sozusagen hinter den Rücken gezielte Schlag ist deshalb besonders schwierig zu erreichen, weil man, um wenigstens eine Chance gegen den von R2 aus ebenfalls zu erwartenden Cross-Passierball zu haben, besonders rasch in Richtung P2 unterwegs sein muß. Deshalb ist der Schlag nach R1 (cross) mit dem weiteren Weg von T3 nach P1, richtiger als der Longline-Angriff auf R2 mit dem kürzeren Weg zu P2.

Die Wahl der Schlagart

Zur Durchführung des Angriffsballes bieten sich (siehe auch S. 51) Topspin, Slice und gerader Ball an. Auch hier soll man eher mit der Schlagart angreifen, die man am besten beherrscht.

Mit einem langsamen Ball (meist Slice) kommt man weiter nach vorne, also in eine bessere Flugball-Ausgangsposition. Der Gegner hat dann aber auch etwas mehr Zeit, einen guten Passierball anzubringen.

Andererseits wird der Kontrahent mit einem schnellen Angriffsball (z. B. gerader Ball) mehr in die Defensive gedrückt. Dafür ist man aber noch etwas weiter vom Netz entfernt, wenn man zum Flugball ansetzt, da der Schlag des Gegners schneller zurückkommt. Die Erfahrung wird zeigen, zu welchem Angriffsschlag man mehr Vertrauen haben kann.

Der Angriff mit dem Return – der schlechte, kurze Aufschlag des Gegners lädt oft genug dazu ein – hat taktisch gesehen das gleiche Schema wie eben beschrieben.

Praktische Beispiele zur Spieltaktik

Die Technik und Taktik zu speziellen, im Wettkampftennis immer wiederkehrenden Situationen wurde dargestellt. Es darf auch angenommen werden, daß die verschiedenen taktischen Grundprinzipien bekannt sind.

- Spielen Sie sicher.
- Spielen Sie die Schwäche des Gegners an.
- Kontrollieren Sie das Tempo.
- Setzen Sie Ihre eigene Stärke ein.
- Variieren Sie.
- Spielen Sie situationsbezogen u. ä.

Trotzdem wird all dies Wissen nicht auf Anhieb den Sieg bringen, denn neben der körperlichen Fitness, die als Grundvoraussetzung zum erfolgreichen Tennis bezeichnet werden muß, spielt die Erfahrung und Spielpraxis eine bedeutende Rolle.
Es dauert einfach seine Zeit, bis das Wissen richtig eingesetzt werden kann, d. h., bis man aus der jeweiligen Situation das Beste für sich, das Schlechteste für den Gegner machen kann.
Der Aufbau eines Matches, zusammengefügt und gestaltet aus vielen Hunderten einzelner Schläge, Schritte, Bewegungen, Aktionen, Reaktionen usw. ist gar nicht so einfach, wie man oft glaubt.
Werfen Sie daher nicht gleich den Schläger ins Netz, wenn nicht alles so läuft, wie Sie sich das vorgestellt haben. Haben Sie Geduld, auch und vor allem mit sich selbst, denn auch dann, wenn Sie alles, aber auch wirklich alles richtig machen und gemacht haben – in der Vorbereitung und während des Wettkampfes – um ein Match zu gewinnen, haben Sie nur 50% der Chancen zum Erfolg zu kommen. Der auf der anderen Netzseite kann ja genau wie Sie auch alles »richtig« gemacht haben. Strengen Sie sich deshalb an, immer und immer wieder von neuem. Wer zuletzt aufgibt, wird auch zuletzt lachen.
Im folgenden sind hier einige Möglichkeiten der Spielgestaltung aufgeführt. Betrachten Sie diese »Sandkastenspiele« einmal wie ein Taktik-Quiz. Lesen Sie dazu zunächst die Beschreibung des Spielers sowie dessen Analyse durch. Legen Sie danach das Buch weg und versuchen Sie sich vorzustellen, was Sie tun würden, um diesen Gegner zu schlagen. Studieren Sie erst anschließend den Spielvorschlag um festzustellen, ob Sie als Sieger den Platz verlassen hätten.

1. Beispiel

Der Gegner ist ein typischer Grundlinienspieler. Er hat gute, verhältnismäßig gerade Grundlinienschläge, ist konditionsstark und geht nur selten ans Netz.

Analyse

Spieler dieser Art sind nicht darauf aus, Punkte zu machen. Sie vermeiden jeden Fehler, gehen kein Risiko ein und haben Zeit und Geduld. Ihr Ziel ist es, ihren Gegner zu hastigen, ungeduldigen Schlägen zu verleiten.

Spielvorschlag

Haben auch Sie Geduld. Warten Sie ab, bis Ihr Gegner einen kürzeren Ball spielt. Greifen Sie dann lang an. Versuchen Sie mit einem Flugball zum Erfolg zu kommen. Passiert oder lobbt der Spieler zu gut, sollten Sie versuchen, ihn aus seinem Rhythmus zu bringen. Das können Sie einmal, in dem Sie die Schlagart ständig wechseln: Slice, Topspin, gerader Ball. Wenn Sie dann merken, daß einer dieser Schläge ihm unangenehmer ist als ein anderer, setzen Sie diesen häufiger ein. Zum anderen können Sie kurz-lang operieren, z. B. lang zur Grundlinie in die Vorhandecke, kurz cross auf die Rückhandseite. Beobachten Sie dabei, ob der Spieler nur nach vorne läuft, um schnell wieder zur Grundlinie zurück zu rennen. Ist das der Fall, sollten Sie die Kurz-lang-Taktik konsequent verfolgen, eventuell sogar soweit gehen und Ihren Gegner ganz ans Netz locken. Der Flugball wird sicherlich nicht seine Stärke sein. Zwingen Sie diesen abwartend kämpfenden Spieler auf jeden Fall zur Eigeninitiative, zum Agieren. Dann dürfte sein Konzept wahrscheinlich durchkreuzt sein.

2. Beispiel

Der Gegner beherrscht den Topspin und Slice gleichermaßen und setzt diese Schläge konsequent ein. Er geht selten ans Netz. Oberflächlich betrachtet spielt er wie der von Beispiel 1.D. h., er ist ein Grundlinienspieler, der seine Fähigkeit, Bälle mit Drall zu spielen, einsetzt.

Analyse

Dieser Spieler vertraut darauf, daß der unangenehm hochspringende Topspin – meist Vorhand – sowie der flach wegrutschende Slice – meist Rückhand – den Rhythmus des Gegners zerstört, ihn zu Fehlern zwingt. Es wird ihm nicht langweilig, immer den gleichen Ball zu schlagen. Er hat auch nichts dagegen, wenn sein Gegner ans Netz läuft; er wird ihn mit dem gleichen Topspin-Schlag passieren oder mit Slice einen Lob spielen.

Spielvorschlag

Ob Sie selbst mit Slice, Topspin oder geradem Rückschlag antworten, wenn der Topspin-Ball ihres Gegners auf Sie zugesprungen ist, hängt zunächst davon ab, wie hoch der Ball abspringt (hoher Treffpunkt: Slice-Rückschlag, normaler Treffpunkt: Topspin oder gerader Rückschlag), und welche dieser Schlagarten von Ihnen selbst bevorzugt wird. Da es keine feste technische Regel gibt, die besagt, daß der Slice gegen den Topspin oder umgekehrt einzusetzen ist, sollten Sie im Zweifel Ihren stärksten Schlag gegen den Topspin einsetzen. Das gleiche trifft für den Slice zu, dessen Beantwortung jedoch erfahrungsgemäß kaum schlagtechnische Probleme aufwirft.

Versuchen Sie diesen Drallkünstler in seiner eigenen Schlinge zu fangen. Spielen Sie kurze, flach unterschnittene Bälle auf die Vorhandseite. Diese Bälle sind schwierig, mit Vorwärtsdrall zu beantworten (man kommt nicht richtig unter den Ball, vor allem, wenn sie aus vollem Lauf nach vorne geschlagen werden müssen). Richten Sie hoch aufspringende Bälle – Lobs sind bestens geeignet – auf die Rückhandseite. Ihr Gegner wird möglicherweise Probleme haben, den Slice in oder über Schulterhöhe zu schlagen. Läßt er ihn herunterkommen, muß er ihn weit hinter der Grundlinie schlagen, was Ihnen vor allem Zeitvorteile bringt. Sie können nach vorne laufen und den zurückkommenden Slice als Flugball abfangen. Auf der Slice-Seite (Rückhandseite) anzugreifen, ist grundsätzlich empfehlenswerter als auf der Vorhandseite (Topspin). Kommen Sie so auch nicht weiter, sollten Sie versuchen, Ihren Kontrahenten selbst nach vorne ans Netz zu locken, dann zu passieren oder zu überlobben.

3. Beispiel

Der Gegner variiert. Er verteidigt, greift an, spielt von hinten, geht ans Netz, spielt kurz-lang, Slice, Topspin.

Analyse

Dieser meist talentierte Spieler möchte Sie mit dem Einsatz seiner verschiedenen Mittel aus dem Konzept bringen. Sie sollen sich auf keines seiner Spielsysteme einstellen können.

Spielvorschlag

Diese Spieler haben weder eine echte Stärke, noch eine absolute Schwäche. Sie haben meist auch keine klare taktische Linie. Sie variieren oft nur der Variationen willen und vergessen dabei, voll auf Sieg zu spielen. Da liegt Ihre Chance. Lassen Sie sich nicht von den Künsten des Gegners beeindrucken, spielen Sie vielmehr konsequent Ihr Spiel. Bauen Sie es systematisch auf, unabhängig von den besonderen, oft gar nicht zur Situation passenden Einlagen Ihres Gegners. Setzen Sie ruhig, überlegt Ihre Stärken ein. Achten Sie dabei darauf, nicht der Versuchung zu unterliegen, selbst all das vorführen zu wollen, was Sie so auf Lager haben. Also im Zweifelsfall eher ruhig und abwartend agieren. Dann werden Sie erfolgreich sein.

4. Beispiel

Der Gegner ist ein guter Taktiker. Er legt sich einen meist defensiven Plan zurecht, von dem er sich in der Regel nicht abbringen läßt.

Analyse

Diese Spieler ordnen ihre Technik der Taktik unter. Sie spielen ruhig, ohne großes Tempo, gewissermaßen Tennis-Schach. Sie möchten Sie kommen lassen, um Ihnen taktisch ein Bein zu stellen.

Spielvorschlag

Zunächst sollten Sie sich abwartend verhalten. Spielen Sie ruhige, lange Bälle, bis Sie erkennen, wie der Plan Ihres Gegners aussieht. Nützen Sie dabei die sich aus der Situation ergebenden Chancen, Ihr Spiel aufzuziehen. Aber Vorsicht, genau das will Ihr Gegner ja.

Verzichten Sie auf Risiko. Gehen Sie den sicheren Weg, dann aber konsequent. Werden Sie bei diesen Ballwechseln stets zweiter Sieger, ohne recht zu wissen warum, geht das Konzept Ihres Kontrahenten auf. Schlukken Sie das »jetzt erst recht« runter. Schalten Sie auf stur um, spielen Sie lange, vielleicht sogar hohe Bälle auf die Grundlinie. Zwingen Sie den Gegner zu agieren. Überlassen Sie ihm die Initiative, das mag er nicht.

5. Beispiel

Der Gegner hat eine tolle Vorhand. Er umläuft oft die schwache Rückhand, um seine Vorhand voll durchzuziehen.

Analyse

Dieser Spieler hat gewissermaßen nur einen Schlag: die Vorhand. Der ganze Spielaufbau zielt auf den Einsatz dieser Waffe. Er umläuft die Rückhand, wenn es irgend möglich ist, um mit der Vorhand direkte Punkte zu machen. Verschlagene Vorhandbälle stören diese selbstbewußte Person nicht. Sie hat sie mit einkalkuliert.

Spielvorschlag

Hier gilt es, die Vorhand auszuschalten, das Vertrauen in diesen Schlag anzukratzen.

Spielen Sie Ihre Rückhand lang cross. Ihre Vorhand kurz cross auf die Vorhand Ihres Gegners, dann wieder lang auf dessen Rückhandseite. Vor allem für den Schlag auf die gefürchtete Vorhand gehört etwas Mut. Aber nur so schaffen Sie sich Platz für Angriffe auf die viel schwächere Rückhand. Außerdem rechnet der Gegner mit dem ständigen Anspiel seiner Rückhand und läßt daher das Vorhandfeld ziemlich ungedeckt. Nützen Sie jede Chance, dem Ball auf Rückhand ans Netz zu folgen – auch hin und wieder direkt mit dem Aufschlag –, denn höchstwahrscheinlich ist sein Rückhand-Passierball der schwächste Schlag. Wenn Sie diesem System stur folgen, schalten Sie die gefährliche Vorhand weitgehend aus. Sie verleiten Ihren Gegner außerdem zu besonders riskanten und hastigen Vorhandschlägen und verunsichern ihn.

6. Beispiel

Der Gegner spielt riskant. Er forciert ständig das Tempo. Er schlägt mit Vor- und Rückhand voll zu.

Analyse

Dieser Spieler liebt das schnelle Spiel. Er hält nicht viel von Variation oder Spielaufbau. Er möchte den Gegner vom Platz fegen. Er rechnet mit eigenen Fehlern, hofft jedoch, daß seine Gewinnpunkte und Ihre Fehler die eigenen Patzer überwiegen.

Spielvorschlag

Hier haben Sie es mit jemandem zu tun, der wie ein Spitzenspieler zuschlagen will, es aber (noch) nicht ist. Zeigen Sie sich unbeeindruckt von den wenigen tollen Bällen, die er Ihnen gewissermaßen um die Ohren gehauen hat. Spielen Sie ruhig, lang zur Grundlinie, rennen Sie, kämpfen Sie. Geben Sie die schnellen Schläge, die Sie nur mit Mühe erreichen, hoch als Lobs zurück, um die Situation zu »neutralisieren«. Streuen Sie Schläge

mit Drall ein, die unangenehm wegspringen.
Bauen Sie Ihr Spiel darauf auf, daß der Gegner zu viel Druck machen will, d. h., daß seine Schläge schneller werden, als er es kontrollieren kann. Mit dieser »Knallerei« wird er zu viele Fehler machen und verlieren.
Auf keinen Fall sollten Sie jedoch versuchen »mitzuschießen«, denn dann spielen Sie das Tennis, das Ihr Gegner liebt – und werden wahrscheinlich zweiter Sieger.

7. Beispiel

Der Gegner ist der typische Verteidigungsspieler. Er beherrscht neben dem Passierball und Lob einen guten Grundlinienschlag.

Analyse

Dieser Spieler hält nicht viel von Tempospiel. Er nützt die sich bietenden Chancen zum Angriff kaum aus, legt es vielmehr darauf an, seinen Gegner ans Netz zu holen, denn dann kann er seine eigentliche Stärke, den Passierball, einsetzen. Er geht ungern an das Netz.

Spielvorschlag

Da keine eigentliche Gefahr von diesem Gegner ausgeht, wenn Sie dessen Bälle lang an die Grundlinie zurückspielen, können Sie Ihr Spiel ruhig aufbauen. Holen Sie Ihren Gegner ans Netz, indem Sie unterschnittene, kurze Bälle cross ins Mittelfeld spielen. Wenn er diese Angebote annimmt, zwingen Sie ihn zum Flugballspiel, was ihm nicht liegt. Er wird Fehler machen. Wenn er dagegen Ihrem kurzen Ball nicht ans Netz folgt, sondern wieder zur Grundlinie zurückläuft, können Sie den zurückweichenden Spieler mit einem langen Ball angreifen, dem Sie ans Netz folgen. Gegen Sie aber wirklich nur dann ans Netz, wenn sie eine erstklassige Angriffschance sehen. Decken Sie den Platz gegen den Passierball Ihres Gegners optimal ab. So werden Sie auch diesen guten Verteidigungsspieler in die Knie zwingen.

8. Beispiel

Der Gegner spielt einen guten Flugball und Schmetterball. Er vermeidet allzulange Ballwechsel, greift eher an.

Analyse

Dieser Spieler ist meist schnell, sehr beweglich und reagiert gut. Er möchte Punkte machen, das Spiel vorne bestimmen. (Vergleiche dazu Beispiel 9.) Er nimmt fast jede Gelegenheit wahr, ans Netz zu stürmen, um dort das Match zu entscheiden.

Spielvorschlag

Natürlich sollten Sie versuchen, diesen Spieler vom Netz fern zu halten. Vermeiden Sie kurze Bälle ins Mittelfeld. Spielen Sie lang zur Grundlinie, wenn möglich in die Ecken. Halten Sie ihn in Bewegung, von links nach rechts, von rechts nach links. Das mag er nicht, denn seine Angriffsrichtung ist nach vorne.
Kommt er trotzdem regelmäßig ans Netz, muß er dies mit riskanteren Bällen tun, als ihm lieb ist. Er wird Fehler

machen, schlechtere Angriffsbälle spielen und Ihnen so eine gute Chance zum Passierball geben.
Und spielen Sie den Lob, wenn er sehr nahe ans Netz rückt oder wenn Sie unsicher passieren. Genieren Sie sich nicht, gegen einen ständig angreifenden Spieler immer und immer wieder den Lob einzusetzen. Er ist ein sehr wirkungsvoller Schlag. Schmettert Ihr Gegner jedoch zu gut, so daß Sie auch nach Lobs ständig Punkte verlieren, sollten Sie versuchen, ihm flache Bälle direkt auf den Körper bzw. vor die Füße zu spielen. Diese Schläge sind gegen sehr gute Netzspieler oft besser als Passierbälle oder Lobs.

9. Beispiel

Der Gegner kommt regelmäßig mit dem Aufschlag ans Netz. Selbst mit dem zweiten Service stürmt er meistens vor, genau wie mit dem Return auf Ihren schwachen zweiten Aufschlag.

Analyse

Dieser Spieler verfügt über ein gutes Service, einen guten Flugball, einen guten Schmetterball. Er ist – noch extremer wie der Spieler im Beispiel 8 – darauf aus, den Ballwechsel am Netz schnell zu entscheiden, koste es was es wolle.

Spielvorschlag

Eines ist sicher: ein Aufschlag-Netzspieler dieser Art hat selten Geduld. Er möchte Punkte gewinnen. Fehler – auch leichte – stören ihn dabei nicht.
Die für Sie wichtigsten Schläge gegen diesen Spielertyp sind der eigene Aufschlag und Ihr Return bzw. Lob.
Der erste Aufschlag sollte unbedingt im Feld sein. Drosseln Sie das Aufschlagstempo zugunsten der Sicherheit. Auf diese Weise können Sie Ihren Gegner zunächst davon abhalten, stets mit dem Return anzugreifen. Sollte Ihr Aufschlag nicht gut genug sein, das Nach-vorne-Kommen des Gegners zu verhindern, dann müßten Sie selbst zum »Aufschlag-Volley-Spieler« werden, wenigstens hin und wieder. Der Return und Passierball sind gewiß nicht die Stärke Ihres Gegners.
Wenn er mit dem Service angreift, dann sollten Sie nicht versuchen, direkt zu punkten. Lassen Sie ihn vollieren. Spielen Sie sichere Cross- und Longline-Returns oder auf die Füße und – sehr wichtig! – regelmäßig Lobs. So lassen Sie ihn darüber im Unklaren, was sie vorhaben und halten ihn davon ab, zu nahe ans Netz aufzurücken.
Und wenn alles nichts hilft – selbst ran ans Netz – auch mit ihrem Return. Er wird die Kopie seines Spiels als Provokation empfinden und bei dem Versuch, trotz allem vor Ihnen am Netz zu sein, mehr Fehler machen, als er eingeplant hat.
Wenn Sie Ihrem Gegner das Spiel aufzwingen, daß er nicht mag, sitzen Sie am längeren Hebel.

10. Beispiel

Ihr Gegner ist Linkshänder.

Analyse

Obwohl der Linkshänder auch nur Vor- und Rückhand spielt wie jeder Rechtshänder, gibt es Probleme: Die normalerweise stärkere Seite (Vorhand) liegt Ihnen jetzt rechts gegenüber; Ihr Aufschlag, Angriffsball usw. muß sich zur anderen Seite hin orientieren, was Ihnen gefühlsmäßig schwerer fällt. Aber vor allem macht der Return gegen den geschnittenen Aufschlag Schwierigkeiten. Der auf Ihre Vorhand gerichtete Ball springt auf Sie zu, statt von Ihnen weg, der auf Ihre Rückhand gesetzte von Ihnen weg, statt auf Sie zu. Ihr links spielender Gegner weiß von der für ihn günstigen Ausgangslage. Er wird daher versuchen, seine natürlichen Vorteile optimal auszunutzen.

Spielvorschlag

Keine Angst vor dem Linkshänder. Er macht genau die gleichen Fehler wie der Rechtshänder auch. Verhalten Sie sich zunächst abwartend. Schauen Sie den Ball **vor allem beim Return** besonders gut an. Halten Sie den Schläger fest. Spielen Sie ruhige Bälle zur Grundlinie, vorwiegend Cross-Schläge. Genieren Sie sich nicht, besonders unter Druck die Platzmitte anzuvisieren. Beobachten Sie dabei Ihren Gegner sorgfältig, dann werden Sie bald seine Stärke und Schwäche kennen und wissen, zu welchem Spielertyp er zu zählen ist. Die entsprechende taktische Marschroute ist für Sie dann nur noch Formsache.

Wettkampf-Training

Auch den Besten der Welt bleibt das Training nicht erspart. Im Gegenteil. Je besser der einzelne geworden ist, desto systematischer, konzentrierter und härter übt er; denn ist es schon recht schwierig, sich einen der vorderen Plätze der Rangliste zu erspielen, so ist es noch mühsamer diesen zu verteidigen. Nach oben spielt man frei, hat nur zu gewinnen. Nach unten steht man unter Druck, hat man viel zu verlieren. Wie gesagt, das gilt für den Clubspieler wie für den Weltklassemann. Und da für **alle** Tennisspieler der Wettkampf aus Vorhand und Rückhand, Longline und Cross, langen und kurzen Schlägen, Aufschlag und Return, Flugball, Schmetterball, Passierball und Lob besteht, üben **alle** Tennisspieler die gleichen Schläge. Es wäre verkehrt zu glauben, ein Becker trainiere die Vorhand nach einem geheimen, der Weltklasse vorbehaltenen System. Dem ist nicht so. Er spielt mit dem gleichen Ball wie jeder und muß ihn über das gleiche Netz innerhalb der gleichen Linien setzen. Und er macht die gleichen Fehler, setzt den Ball an die Netzkante oder ins Aus wie jeder. Nur macht er ein paar Fehler weniger, weil er eben besser ist. Und das wurde er vor allem, weil er mehr trainiert hat und – weil er sicherlich »richtig« trainiert.

Richtig trainiert zunächst derjenige, der weiß, welche Schläge im Durchschnitt pro Match mehr gespielt werden als andere. Untersuchungen haben ergeben, daß das auf unseren sogenannten langsamen Plätzen die Vorhand- und Rückhand-Grundlinienschläge (ca. 50%) sowie Aufschlag und Return (ca. 40%) sind. Flugball, Lob, Schmetterball und Stop machen zusammen nur 10% der Schlagquote aus. Auf schnellen Plätzen (z. B. Teppich) sowie beim Doppel spielen Flugball und Schmetterball natürlich eine größere Rolle.
Es versteht sich nun von selbst, daß das Trainingsziel, welches das Erlernen eines schnelleren, genaueren, beliebig oft wiederholbaren Schlages sein sollte, sich hauptsächlich mit eben diesen Vorhand- und Rückhand-Grundlinienschlägen sowie dem Aufschlag **und** Return auseinandersetzen muß. Wenn dazu noch die persönliche Schwäche und Stärke – beide benötigen intensives Training – berücksichtigt werden, sollte dem Erfolg dieses »richtigen« Trainings nichts mehr im Wege stehen, wenn es intensiv und lang genug durchgeführt wird. Denn eines ist klar: Wenn eines der hier beschriebenen Trainingsprogramme in 10 Minuten abgehakt ist, kann man es bestenfalls als Warmspielen bezeichnen, keinesfalls als Training. Nur im harten Training also kann sich der Spieler die Sicherheit holen, die er benötigt, um regelmäßig zu bestehen.

1

2

Automatisierung der Schläge

Da es sich hier nicht um Technik-Training an sich – also um das Erlernen des Schlages handelt, sondern um Wettkampftraining – sollte grundsätzlich aus der Bewegung heraus gespielt werden. Nach jedem Schlag soll der Spieler einige Schritte zur Platzmitte machen
(Sidesteps) um erneut dem Ball zum nächsten Schlag entgegen zu laufen.

Für diese Art von Schlagtraining empfiehlt es sich übrigens, einen möglichst gleichstarken Partner zu haben. Auch dem guten Spieler fällt es schwer, in den Schlagrhythmus zu kommen, wenn die Bälle stets ungenau zurückgespielt werden.
Für dieses Training sollten wenigstens 12 Bälle zur Verfügung stehen.

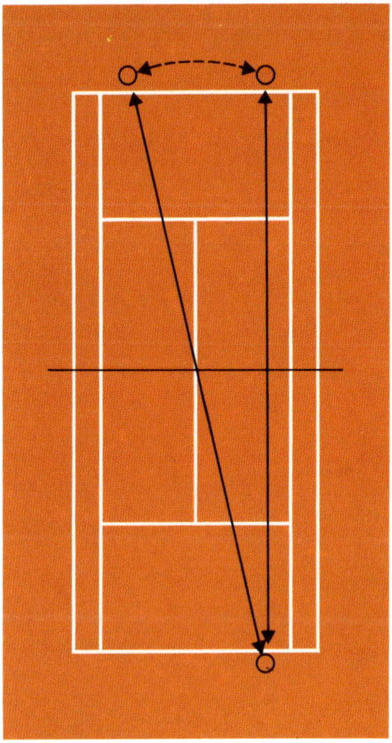

3

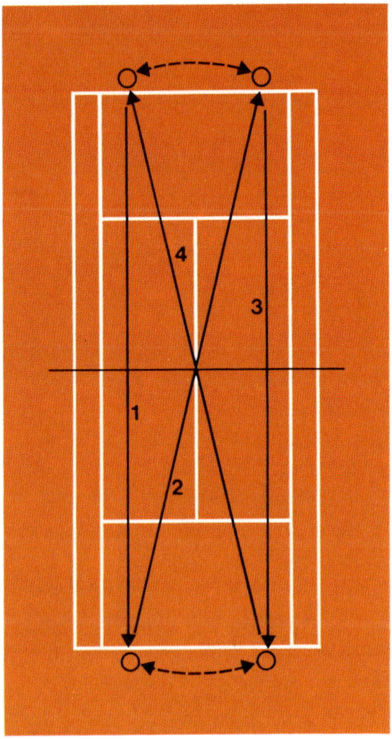

4

Training von Grundlinienschlägen

Zwei Spieler üben:

- Longline-Schläge (Grafik 1).
- Cross-Schläge (Grafik 2).
- Longline- und Cross-Schläge abwechselnd (Grafik 3, 4).

1. Beide Spieler bleiben auf einer Platzseite und spielen longline.
2. Beide Spieler bleiben auf den diagonal gegenüberliegenden Seiten des Platzes und spielen cross.
3. Ein Spieler bleibt in der Ecke, spielt einmal z. B. Vorhand-Cross, dann Vorhand-Longline. Der andere läuft und schlägt die Bälle Rückhand-Longline und Vorhand-Cross in die Ecke des Vorhand-Spielers zurück (Dreieckspiel).
4. Ein Spieler spielt nur cross, einer nur longline (Briefcouvert).
Speziell bei diesem Training wird deutlich, daß der Longline-Spieler im Nachteil ist: er muß bedeutend mehr bzw. schneller laufen.

Beim Grundlinien-Training darf nicht vergessen werden, auch den Vorhandschlag aus der Rückhandecke zur Rückhand des Partners zu üben. Wenn dieses Herumlaufen um die Rückhand für das Spiel eine Rolle spielen soll (siehe S. 74), muß es auch trainiert werden.
Also: ein Spieler schlägt Vorhand-Longline und Vorhand-Cross aus seiner Rückhandecke. Der andere Spieler schlägt alle Bälle Rückhand-Cross bzw. Vorhand-Longline in die Rückhandecke zurück.
Die **Schlagart** des Grundlinientrainings sollte vorher festgelegt werden. Beide Spieler können z. B. Topspin schlagen, oder einer Topspin, der andere Slice.
Grundsätzlich sollte jedoch der Ball im Spiel gehalten werden und zwar lang zur Grundlinie. Das Schlagtempo muß sich demnach der Aufgabe anpassen.
Besonders wichtig ist dabei, daß jedes Schlagtraining wenigstens jeweils 10 Minuten pro Aufgabe durchgeführt wird. Empfehlenswert ist, die Zeit allmählich zu steigern, bis etwa 20 Minuten für eine Übung. Das ist schwierig – zugegeben – aber die Verbesserung der Langzeit-Konzentrationsfähigkeit ist das eigentliche Geheimnis des besseren Spielers.
Borg sagte: »Wer nicht 4 Stunden (!) Vorhand-Cross trainieren kann, wird nie ein guter Spieler«.

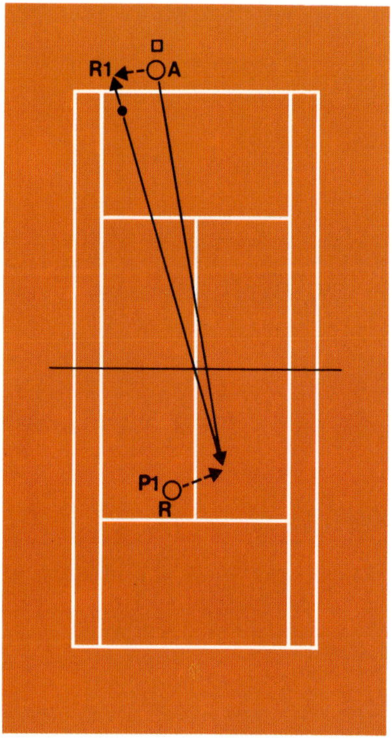

1

Training von Grundlinienschlägen und Flugbällen

Bei diesem Training hält sich ein Spieler am Netz, der andere an der Grundlinie auf.
1. Geübt wird: Cross-Flugball bzw. Cross-Grundlinienschlag (siehe Grafik).
Der Netzspieler (R) nimmt dazu die Position P 1 ein, da unterstellt wird, daß der Netzspieler zuvor nach R 1 angegriffen hat. Der Spieler springt

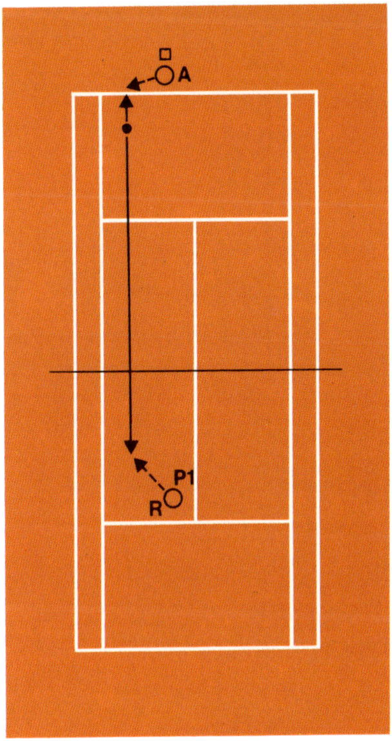

2

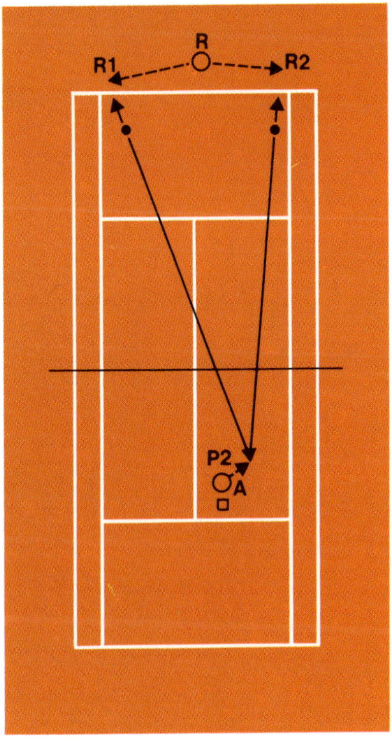

3

von P 1 aus dem von R 1 auf ihn zukommenden Cross-Ball entgegen, um ihn als Flugball cross nach R 1 zurückzugeben. Danach nimmt er wieder Position P 1 ein.
Zur Ausführung gilt das gleiche wie bei 1.
3. Geübt wird: Flugball cross und longline abwechselnd bzw. Grundlinienschlag cross und longline abwechselnd (siehe Grafik).
Der Netzspieler schlägt z. B. nur Vorhand-Flugbälle cross bzw. longline abwechselnd, während der an der Grundlinie sich befindende Spieler die Bälle aus dem Lauf als Vorhand-Cross bzw. Rückhand-Longline zurückgibt. Der Vollierende muß dabei darauf achten, daß der an der Grundlinie von R 1 nach R 2 laufende Spieler vom Tempo der Flugbälle nicht überfordert wird (Kein Drilltraining).

4

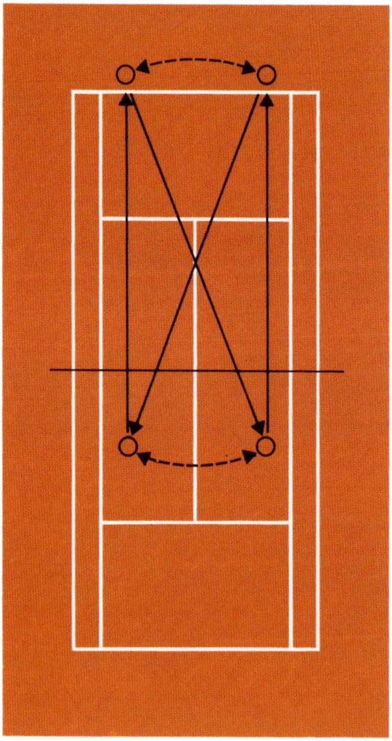

5

4. Geübt wird: Cross- und Longline-Flugball abwechselnd bzw. Cross- und Longline-Grundlinienschlag.
Hier muß umgekehrt der sich an der Grundlinie befindende Spieler darauf achten, daß seine Vorhand-Longline- bzw. Cross-Schläge so abgestimmt sind, daß der Netzspieler von P 1 aus zum Rückhand-Longline- bzw. Vorhand-Cross-Flugball nicht überfordert wird (siehe Grafik).

5. Geübt wird: Abwechselnd Cross-Flugbälle bzw. Longline-Grundlinienschläge oder abwechselnd Longline-Flugbälle bzw. Cross-Grundlinienschläge (siehe Grafik).
Da auch bei diesem Training der Ball im Spiel gehalten werden soll, muß das Schlagtempo den Möglichkeiten der Übenden entsprechend aufeinander abgestimmt werden.

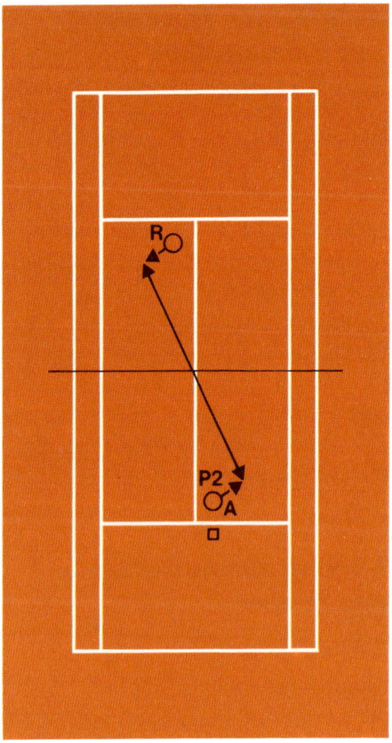

1

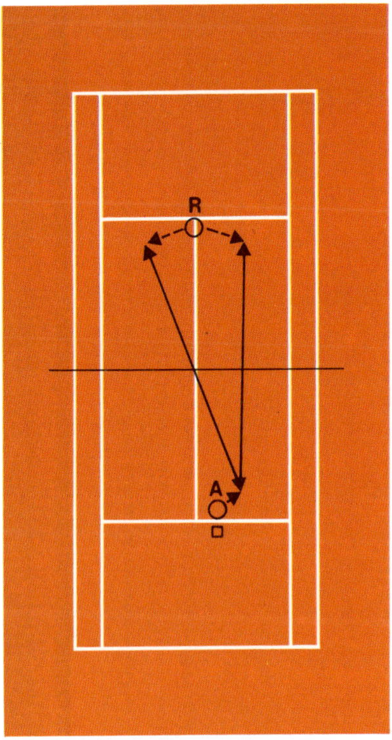

2

Training von Flugball

Zwei Spieler üben:

- Cross-Flugbälle.
- Longline-Flugbälle.
- Longline- und Cross-Flugbälle.

1. Beide Spieler vollieren cross auf Vorhand bzw. auf Rückhand (siehe Grafik 1).
2. Der eine Spieler volliert abwechselnd z. B. Vorhand-Cross und Vorhand-Longline, der andere Vorhand-Cross und Rückhand-Longline (siehe Grafik 2).

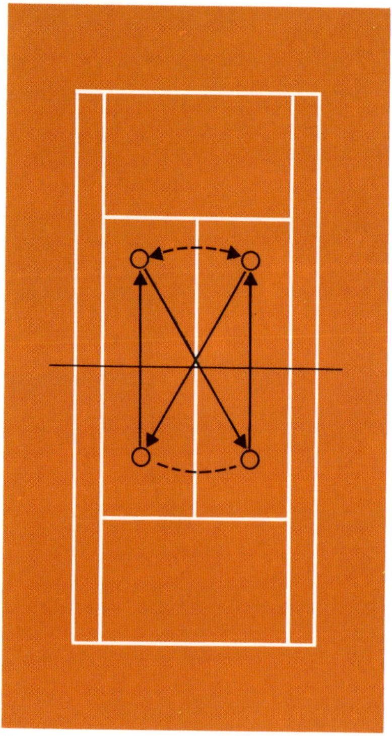

3

3. Ein Spieler volliert cross, der andere longline (siehe Grafik).
Der jeweils cross Vollierende muß dabei das Tempo kontrollieren. Bei diesem Flugball-Training sollten die Spieler etwa ½ Meter vor der Aufschlaglinie zum Netz hin postiert sein.

Training von Flugball und Schmetterball

Geübt wird: Schmetterball bzw. Lob aus der linken oder aus der rechten Ecke.
Der Schmetterball-Spieler schlägt die Bälle dahin zurück, wo die Lobs herkommen oder Schmetterball und Flugball im Wechsel bzw. Lobs und Passierschlag im Wechsel.
Bei dieser Art von Training ist es wichtig, daß der Spieler nach dem Schmetterball immer wieder in die entsprechende Flugball-Bereitschaftsstellung zurückgeht.

Training von Aufschlag und Return

Geübt wird: Aufschlag cross bzw. Return cross (siehe dazu Grafik S. 86) oder Aufschlag cross bzw. Return longline oder Aufschlag zur Mitte bzw. Return beliebig u. ä. (Grafik S. 115 links).
Die Aufschlagart (gerader Auschlag, Slice, Topspin) kann beliebig gewechselt werden. Die Schlagrichtung sollte bekannt sein, damit regelmäßiges Return-Training möglich ist.

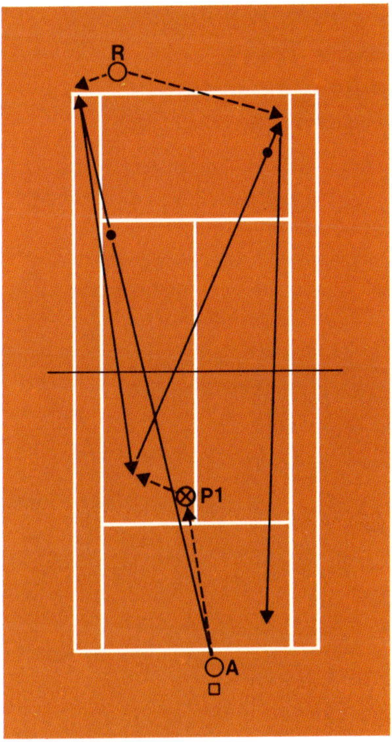

Training von Aufschlag und erstem Volley; Return und Passierball

Geübt wird: Aufschlag nach außen – Return cross – Vorhand-Flugball cross – Passierball Vorhand longline
oder Aufschlag nach außen – Return longline – Rückhand-Flugball cross – Passierball Rückhand longline (Grafik rechts)
oder Aufschlag zur Mitte – Return beliebig – Flugball beliebig – Passierball beliebig.

Grundsätzlich – das soll noch einmal ausdrücklich betont werden – muß sich das Schlagtempo der Übung unterordnen.
Beispiel:
Bei Training von Aufschlag und Return ist es sinnlos zu versuchen, Asse zu servieren. Lang und plaziert, etwa mit 75% des möglichen Aufschlagtempos, sollte serviert werden.

Training von Angriffsball, erster Volley oder Schmetterball; Passierball oder Lob

Dieses Training sollte unter allen Umständen auf dem Programm stehen. Der richtige Angriffsball – sowohl technisch mit dem Tangoschritt bei Rückhand als auch taktisch bezogen auf die 3-Zonen-Theorie mit anschließendem Platzabdecken – (korrekte Drehscheibenposition) – entscheidet über Erfolg oder Mißerfolg des Angriffs.

So wird geübt:

Der eine spielt absichtlich kurz, passiert dann oder lobbt. Der andere Spieler greift an, volliert oder schmettert.

Die Richtung des Angriffsballes ergibt sich aus der 3-Zonen-Theorie (siehe S. 95). Die Richtung des Passierschlages oder Lobs wird festgelegt, damit der Flugball oder Schmetterball optimal geübt werden kann.

Beachte: Da viel Zeit dabei vergeht, nach dem Flugball oder Schmetterball zur Ausgangsposition (Mitte der Grundlinie) zurückzugehen, wäre ein dritter oder vierter Spieler für dieses Training ideal.

Drill-Training

Unter Drill-Training versteht man Übungen, die an einen Spieler neben der Durchführung des bestimmten geforderten Schlages besondere körperliche Anforderungen stellen. Dieser Spieler wird dabei – normalerweise von zwei Partnern – bis zur Erschöpfung gejagt. Für die hier vorgestellten Drill-Trainingsformen wird nur ein »Jäger« benötigt, dafür aber wenigstens 60 Bälle sowie ein Ballkorb. Die Bälle müssen leicht greifbar sein, damit sie ohne Pause angespielt werden können.

Sobald ein Ball verschlagen wird, bringt der Anspieler einen neuen ins Spiel. Das Schlagtempo bestimmt der Anspieler, von dessen Überblick ohnehin die Qualität dieses Trainings abhängt.

Der Ball sollte stets so zugespielt werden, daß er mit Anstrengung erreichbar ist. Die Dauer des »Drills« wird von der Fitness des »Gedrillten« bzw. die Anzahl der zur Verfügung stehenden Bälle bestimmt.

Nach jedem Drill-Durchgang die notwenige Pause (Regeneration) nicht vergessen!

1

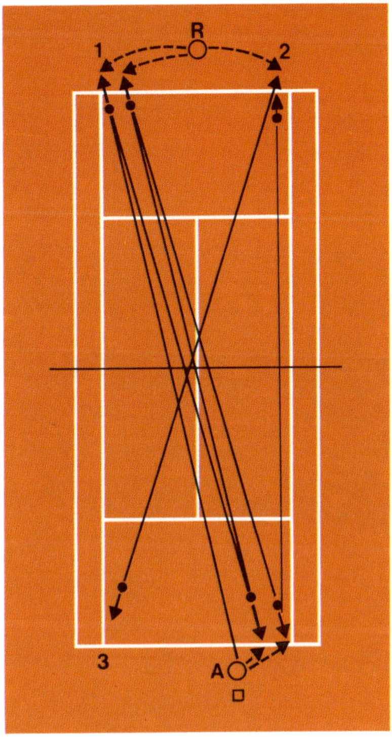

2

Drill-Training für die Grundlinienschläge

1. Der Anspieler verteilt von der Grundlinie aus die Bälle beliebig in Tempo und Schlagrichtung. Der Partner muß jeden Ball erlaufen und z. B. in die Vorhandecke zurückspielen (siehe Grafik).

2. Der Anspieler schlägt von der Grundlinie aus je zwei oder drei Cross-Bälle in die Ecke (1), dann einen Longline-Ball nach (2). Der Partner muß jeden Ball als Cross zurückspielen.
Nach dem Cross in das freie Feld (3), der vom Anspieler nicht zurückgegeben wird, spielt dieser erneut cross zur anderen Ecke (1) an.

3

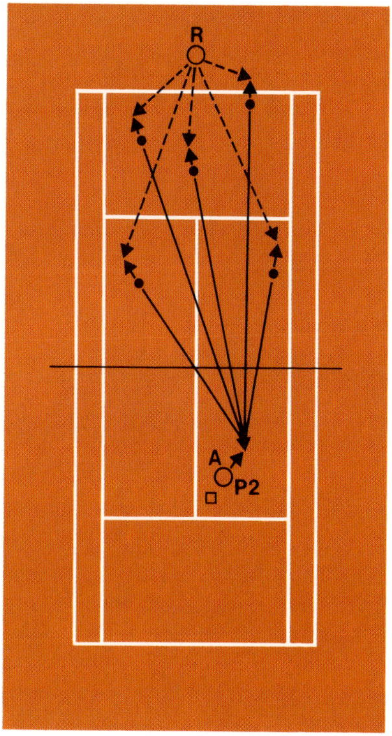

4

3. Der Anspieler schlägt von der Grundlinie aus je zwei (oder drei) Longline-Bälle in die Ecke (2), dann ein Cross nach (1). Der Partner muß jeden Ball als Longline zurückgeben.
Nach dem Longline ins freie Feld (3), der von dem Anspieler nicht zurückgeschlagen wird, spielt dieser erneut longline zur anderen Ecke (2) an.

4. Der Anspieler verteilt vom Netz aus die Bälle beliebig in Tempo und Schlagrichtung.
Der Partner muß jeden Ball erlaufen und zum Anspieler z. B. in Position P 2 zurückgeben, evtl. auch als Flugball.

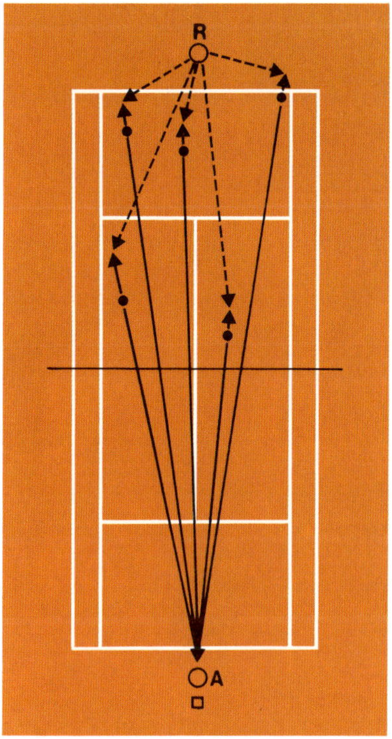

5

5. Der Anspieler schlägt von der Grundlinie aus nur Stoppbälle oder Lobs in beliebiger Reihenfolge oder Schlagrichtung. Der Partner muß jeden Ball erlaufen. Er sollte den Lob aufspringen lassen und als Grundlinienschlag zurückgeben.

Drill-Training für Flugbälle und/oder Schmetterbälle

Der Anspieler verteilt von der Grundlinie aus die Bälle beliebig in Höhe, Richtung und Tempo. Der Partner muß jeden Ball z. B. in die Vorhandecke zurückvollieren.

Varianten: Zuspiel als Lob, Zurückschmettern in Vorhand- oder Rückhandecke.

GIANTS

Match-Training

Die dritte Form von Wettkampftraining ist das Match-Training. Streng genommen kann dieses Üben mit (fast) jedem durchgeführt werden, dessen Spielstärke in etwa der eigenen entspricht. Der Unterschied läßt sich durch erschwerte Bedingungen ausgleichen. So kann man dem schwächeren Spieler z. B. 15:0 oder 30:0 Vorgabe einräumen. Man kann festlegen, daß für den einen das Einzel-, für den anderen das Doppelfeld zählt, der Bessere nicht ans Netz darf, nur einen Aufschlagversuch hat oder dem Partner jeden Ball auf die Rückhand spielen muß usw. Allerdings sollte dieses Satz-Spielen unter erschwerten Bedingungen nicht übertrieben werden, denn im Match-Training soll der Spieler auch lernen, sein eigenes Konzept durchzusetzen sowie neugelernte Schläge oder Spielzüge auszuprobieren.

Taktik-Training

Unter Taktik-Training versteht man das Üben von verschiedenen Schlägen bzw. Schlagarten unter Berücksichtigung bestimmter zuvor festgelegter Kriterien.

Allgemeines Taktik-Training

Das allgemeine Taktik-Training ist dabei gleichzusetzen mit dem Üben von matchähnlichen Spielzügen mit der Idee, diese ins Unterbewußtsein einzuschleifen.
Eine solche Übung wäre z. B. das Erlernen des richtigen Angreifens nach einem kurz gespielten Ball des Gegners ins Mittelfeld (siehe S. 116, Training von Angriffsball).

Spezielles taktisches Training

Das spezielle Training richtet sich dagegen exakt nach dem taktischen Plan, den der Spieler aufgestellt hat, einen bestimmten Gegner zu bezwingen. All das, was dieser Plan festlegt, aber vor allem die eigenen und gegnerischen Schwächen und Stärken werden in diesem speziellen taktischen Training berücksichtigt. Entsprechend werden komplette Spielzüge geübt. Beide Trainingspartner wissen dabei genau, wohin aufgeschlagen, retourniert usw. werden soll.
Ein Beispiel: Der taktische Plan ist darauf ausgerichtet, daß der Gegner so-

wohl schwach auf Vorhand retourniert als auch passiert, vor allem wenn er dabei in Zeitnot ist.
Training: Slice-Aufschlag auf die Vorhand – Vorrücken ans Netz (Platz gut abdecken) –, Vorhand-Longline-Return des Trainingspartners – Rückhand-Flugball cross ins offene Feld.
Oder:
Topspin-Aufschlag auf Vorhand – Vorhand-Cross-Return des Partners – Vorhand-Flugball cross gegen die Balance.
Überlegen Sie sich, wie Sie Ihren nächsten Kontrahenten am besten schlagen können. Machen Sie sich dazu den taktischen Plan und üben Sie dementsprechend. Dann trainieren Sie auch taktisch richtig.
Zum Schluß noch die Antwort auf eine im Zusammenhang mit Training immer wieder gestellte Frage:

Ist »Bälleschlagen« richtiges Training?

Trainieren heißt Üben nach Plan, um ein bestimmtes Ziel zu erreichen. Das tut man beim Bälleschlagen eigentlich nicht. Man übt zwar die Vor- und Rückhand, aber nicht gezielt, bewußt auf Tempo, Länge, Richtung abgestimmt. Man wird auf diese Weise zwar besser, aber über eine bestimmte Spielstärke kommt man mit Nur-Bälleschlagen nicht hinweg. Das ist der wirkliche Grund und nicht das mangelnde Talent, warum manche jahrelang trotz großer Anstrengung auf Platz 25 der Club-Rangliste stehen, während andere scheinbar mühelos die Erfolgsleiter nach oben klettern.
Betrachten Sie daher das Bälleschlagen als eine Art Sich-Warmschlagen oder Einspielen. Aber eben nicht als Training.

Spezielle Wettkampf-Gymnastik

Jeder Sportler weiß, daß eine einwandfreie körperlich-seelische Verfassung Voraussetzung zur optimalen Leistung darstellt. Sie ist, neben unserem allgemeinen Fitnesszustand, von den Umwelteinflüssen abhängig. Da man aber die Umwelt, sprich Wetter, Klima, Platzverhältnisse usw. nicht ändern kann und nicht immer willens ist, die Lebensgewohnheiten dem Sport unterzuordnen, soll darauf hingewiesen werden, daß man sich grundsätzlich durch ein fünf bis zehn Minuten dauerndes Programm verschiedener Lockerungs- und Dehnübungen auf das bevorstehende Training oder Match vorbereiten soll.
Lassen Sie diese Übungen zum richtigen Vorbereitungsritual werden. Dann gehen Sie bestens gerüstet auf den Platz.

Seitspreizen mit Nachfedern links und rechts.

Liegestütz – Beine anhocken und strecken.

Hocksprünge aus dem Stand.

Hier einige Vorschläge für Lockerungs-, Dehn- und Kräftigungsübungen:

- Schulterkreisen (vor und zurück).
- Pendelschwünge der Arme.
- Arm kreisen (in verschiedenen Arten).
- Arm rückfedern (ein Arm in Hochhalte, der andere in Tiefhalte).
- Rumpf kreisen (links und rechts herum).
- Rumpf beugen (Hände berühren Fußspitze).
- Seitspreizen mit Nachfedern links und rechts im Wechsel.
- Liegestütz – Beine anhocken und strecken.
- Grätsch- und Strecksprung aus der Hocke.
- Känguruhsprung.

Hier fehlen also sämtliche Schnelligkeits-, Ausdauer- sowie gezielte Kraftübungen.
Diese für die allgemeine und spezielle Kondition notwendigen Übungen findet man in den speziellen Konditions-Trainingsbüchern (siehe Literaturnachweis). Oder fragen Sie Ihren Trainer.

Wettkampf-Vorbereitung

Nur wer gut vorbereitet zum Match antritt, wird sein bestes Tennis spielen können, d. h., die Freude haben, die er mit Recht bei der Ausübung seines Hobbys erwartet.

Allgemeine Vorbereitung

Über die technische, taktische und körperliche Vorbereitung hinaus gibt es noch einige wichtige Punkte, die beachtet werden sollten.

Pünktlichkeit
Aus eigenem Interesse soll man pünktlich sein. Wenn man zu spät am Platz ankommt und sich dann in aller Hast umziehen muß, wirkt sich das aufs Spiel aus.

Gute Laune
Ärger im täglichen Leben gibt es immer. Man sollte sich nicht am Tennispartner abreagieren. Schlechte Stimmung schadet der Tagesform.

Körperliche Bereitschaft
Zehn Minuten tennisbezogene Beweglichkeitsgymnastik macht fit zum Match (siehe S. 124).

Geistige Bereitschaft
Es wäre für den Erfolg des Spieles, gut, sich vor dem Match zu sammeln und zu konzentrieren. Streß vor dem Spiel vermeiden.

Spezielle Vorbereitung
Da an anderer Stelle (richtig tennisspielen 1) ausführlich darüber berichtet wurde, hier nur eine Zusammenfassung in Stichworten.

Langfristige Vorbereitung
(etwa 2 bis 3 Wochen vor dem Match).
- Erstellen eines taktischen Konzeptes.
- Allgemeines und dem taktischen Konzept angepaßtes planvolles Tennistraining.
- Allgemeines und dem taktischen Konzept angepaßtes, planvolles Fitnesstraining
- Materialüberprüfung.

Mittelfristige Vorbereitung
(etwa 1 Woche vor dem Match)
- Training spezieller Spielzüge.
- Optimale mentale Einstellung auf das Match.
- Ausrichten der Lebensweise auf das Match, d. h. richtig essen, trinken (kein Alkohol),
schlafen, und ähnliches.

Kurzfristige Vorbereitung.
(Am Spieltag)
- Letztes Überprüfen des taktischen Planes.
- Letztes Training.
- Richtiges (leicht verdauliches) und rechtzeitiges Essen.
- Letzte Motivation.
- Lockerungsübungen und Gymnastik.
- Konzentriertes Bälleschlagen vor dem Match.